復縁・復活愛の成功法則

彼ともう一度、恋人になる方法

復縁アドバイザー
浅海
asami

改变自己没那么可怕

爱情复活、感情复合的成功法则

[日] 浅海 著／蔡文娟 译

复活爱の成功法则：
彼ともう一度恋人になる方法

西苑出版社
XIYUAN PUBLISHING HOUSE

图书在版编目（CIP）数据

改变自己没那么可怕:爱情复活、感情复合的成功法则 /（日）浅海著；蔡文娟译 .—北京：西苑出版社，2015.3

ISBN 978-7-5151-0418-8

Ⅰ.①改…　Ⅱ.①浅…　②蔡…　Ⅲ.①爱情 – 通俗读物

Ⅳ.① C913.1–49

中国版本图书馆 CIP 数据核字（2013）第 309661 号

改变自己没那么可怕

——爱情复活、感情复合的成功法则

著　　者　浅　海
译　　者　蔡文娟
责任编辑　李　涛
出版发行　西苑出版社
通讯地址　北京市朝阳区广泽路2号院（东区）14号楼
邮政编码　100102
电　　话　010–57280420
传　　真　010–88637120
网　　址　www.xiyuanpublishinghouse.com
印　　刷　北京市通州鑫欣印刷厂
经　　销　全国新华书店
开　　本　787毫米×1092毫米　1/32
字　　数　200千字
印　　张　6.25
版　　次　2015年3月第1版
印　　次　2015年3月第1次印刷
书　　号　ISBN 978-7-5151-0418-8
定　　价　32.80元

目　录

前　言

大家好！我叫浅海，是一名感情复合咨询师。

有许多朋友发来邮件向我咨询“想和前男（女）友复合”的事情，我为他们提供了一些相关思想及行动方面的具体方法和建议。

在过去的七年时间里，我前后接受了两万多位朋友的咨询，也收到了不计其数的“我们复合了！”的令人欣慰的好消息。

我问复合成功的朋友们：“你们复合之后有什么改变吗？”

得到的答复有以下这些：

“比起分手前，彼此之间的关爱和牵挂更深了。”

“更能体谅对方的心情了。”

“相处时，互相之间能保持一种适度的紧张感了。”

“他（她）比以前更关心和珍惜我了。”

“开始考虑结婚的事了。”

总之，认为比分手之前两人之间的关系变得更好的占绝大多数。

同时，通过这次复合过程中的努力，很多人都认为，“对自己有了全新的认识”，“学会体谅对方了”，“心智更加成熟了”……

谈及“复合感情、复活爱情”，似乎很多人都抱有负面印象，但事实上并非如此。我反而觉得，这是一次学习如何好好地与男（女）朋友相处的绝佳机会。

这也是我为什么支持复合以及想成为感情复合咨询师的理由和初衷。

本书收录了我至今所有成功案例中最重要且值得参考的部分。这既不是某位伟大教授的心理学经典，也不需要具备特殊能力才能做到。本书所提供的一切方法，都是取自于和你同样的平凡女士们赢回心爱男士的成功经验。

我的写作初衷虽然主要针对想和前男友复合的女士们，但对于“想拯救失去激情的感情”以及“想挽回即将终结的爱情”的朋友们，书中的方法和建议，也有一定的参考价值。

感情复合需要的是“决心、心理准备”和“具体行动”。

在本书中，尤以第一、二、七章所写的“决心、心理准备”部分最为重要。如果你想认认真真地挽回他，那么这些内容是无论如何都要传达给你的。我甚至可以说，仅仅靠学习这三章的内容，就有可能帮助你们复合成功。因此，请你一定要重点阅读这些部分。

等你真正理解了这三章的内容后，再按照第三至六章“具体行动”部分所提供的建议行动，相信必能事半功倍。你们的复合之路就不远了。

如果你现在有一个真的很喜欢却又难以忘怀的人，请记住，你们还有复合这个可能！

是的，非他不可！

从今天开始，不要再欺骗自己了，也不要再假装不在乎了。

总有一天，你会微笑着对他大声喊：“我真的很喜欢你！”

希望有更多的人通过感情复合之路，走向幸福和快乐的未来。

在你们重获幸福的路上，有我一路同行。

第一章

如果你真的无法忘怀他

这比较像我。

—ZCC

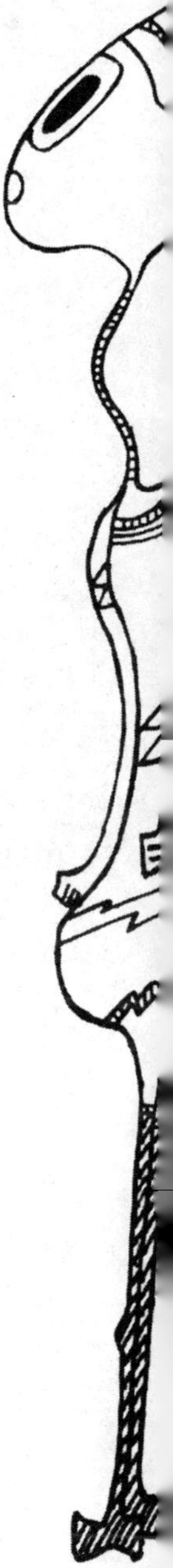

一、你们是有感情复合的可能的

“我们真的还有可能重归于好吗？”

你现在一定最想知道这个问题的答案吧？

我的结论是，完全有这个可能。

我至今接受过的咨询已经有两万多件了，也收到了许多感情复合成功的朋友传来的喜讯。

其中有如下案例：

被拉入手机黑名单之后的复合；

从“再也不想见到你”的状态中走出来的复合；

他已经和其他女士订婚后的复合；

和离婚后的前夫的复合；

从备胎的关系走向复合；

完全成为朋友后的复合；

……

许多都是看似很难实现的案例。

虽然每个人的情况各不相同，但不管是什么状况，都不能轻易断言“没有可能走向复合”。

但是，要想复合，主要还得靠自己的实际行动。如果不知道对方的联系方式、住址、工作地点，也没有朋友知道他的下落，在这种完全无法和他取得联系的情况下，要想复合绝非易事。当然，如果对方已经结婚，就道德伦理上来说，我也不能提供支持。

除了上述那些例子以外，谁都有可能复合。

话虽如此，可是很多人的心里还是会很纠结，还是会认为自己复合的可能很小。对于这种担忧，我表示十分理解。

但是，请你想一想，如果你迈不出这第一步，恐怕永远都不会有复合的可能。因为你给自己一开始就设定了“不可能”这个前提。

相信大家都在小学体育课上玩过跳木马游戏。跳木马的成败，更多的不是取决于“运动天赋”的好坏，而是“自己行不行”的信念。相信自己一定能跳过去的孩子，通常在助跑和起跳时就会用尽全力，因而最后都能成功地跳过去。

相反，认为自己可能跳不过去的孩子，会在助跑途中因为害怕而放慢速度，不仅速度不够，而且起跳时也没有力气，结果当然就跳不过去了。觉得自己可能跳不过去的这种念头，会对身体造成各种影响。

同样，如果你一边想跟前男友复合，一边又抱着“恐怕不行吧”的念头，就无法果断采取行动。这样一来，自己也就变得消极，甚至面对他时也会畏手畏脚。

只有坚信自己一定能够复合成功的人，才能在关键时刻果断采取行动，也能够大大方方地与对方相处，最终的结局往往会皆大欢喜。

即使是完全相同的状况，心态不同，结果也会大相径庭。

因此，如果你还有想要复合的念头，那么我可以很清楚地告诉你：

你们是有可能的！

接下来，就看你有多坚信这个可能，并且能够在行动的时候不犯错误。与其总是在原地烦恼，不如马上行动起来。

经常有人问我，“复合的几率到底有多大呢？”其实，这完全取决于你的行动。

因为即使目前你们复合的几率只有50%，但是以后也许会上升到90%，也可能降到10%。就像我在本节开始举的例子，有些人复合的可能几乎为零，但最后还是成功了，而且这样的案例还不少。

与其想这些没用的，还不如思考一下如何尽快采取行动，以及如何才能增加复合的胜算。

不要总想着“有没有可能复合”，“有的话几率有多大”，这些没用的担心只会让你变得畏缩不前。

机会一定是有的。

然而，它会变成百分之百还是零，一切完全取决于你自己。

二、复合不是坏事

我经常听到以下这些声音：

“如果他现在过得很幸福，我是不是应该默默地离开呢？”

“我想和他复合，真的是为了他好吗？”

有时候，越是考虑对方的心情，就会越觉得想要复合的念头是否是不对的。

的确，去做一件对方并不希望做的事，感觉就像在给对方徒增烦恼，让人感觉似乎是把自己的心情强加给对方。

但这只不过是一种假设，你之所以会这么想，是因为你预设了对方“不想要复合”这个莫须有的前提。

如果真的想和对方重归于好，最重要的应该是去思考自己能做什么，才能让对方“想要复合”。

也许现在他在拒绝和你复合。

拒绝的理由也许有很多，比如，在和你相处的过程中发生了不愉快的事情，或者有了别的喜欢的对象。但这仅仅只能说明他此时此刻不想和你复合而已。

况且，就算对方现在这样想，并不代表以后都一直这样想，对方也有可能再次喜欢上你。

从保持距离的状态，到把他的注意力吸引到自己身上，这就是复合前的准备工作。

如果之后对方开始关注你了，那么他当然会考虑和你复合。到那时候，你还会认为自己是在“做一件坏事”吗？你应该是什么都不去想，马上就投入对方的怀抱了吧？

当爱情的火种重新燃烧起来，对方一定会这么对你说：“很庆幸当时能和你重归于好。”

朋友，请你想一想，如果你就这么放弃了有可能跟你说这句话的他，那真是一件十分悲哀的事。

只要你们互相理解，你们就有可能成为对方的最佳伴侣。但是，你们却因为一点点的误解就要彼此错过。明明还有机会可以复合的，可是……

我不希望你有一天这么后悔。

明明可以重归于好，而且你也想重归于好，却因为担心害怕而止步不前。如果现在还不行动，你将来一定会后悔的。

如果你真的为他着想，那么就想想，他很爱你，曾经那么爱你，但最终却和你分手了，他会讨厌自己，他会受伤害。你不是应该帮帮他吗？

难得当初两个人能互相喜欢并开始交往。在经历过感情变淡并分手之后，他也会受伤的。

“我真的是一个冷漠的人吗？”

“我那么喜欢他，他也那么爱我，但是……”

“我曾说过会好好地珍惜他，但是却没有遵守诺言，我错了……”

别忘了，他也会同样心痛。

这时，如果你为了复合而积极采取行动，他很有可能会再次喜欢上你。

和你复合后，他心中的伤会痊愈，并且你们的交往会比以前更加幸福。

渴望复合并没有错。

如果说给对方造成了困扰，那么一定是因为复合的方式不当。你一定要清楚这一点。

不要强迫对方改变什么，而是要慢慢地改变他的心态，让他再次喜欢上你。

你们曾经是一对相爱的恋人。只要他对你的负面感觉消除了，对他而言，你就还是一个理想的女友。

希望和他复合的心情没有错。为了复合而采取的行动也是无可非议的。

拿出你的自信，勇敢地迈向你们的复合之路吧！

此外，如果你真心为他着想，那么这次请一定要给他幸福。

三、写给经历分手后失去自信的你

有很多人，经历了和恋人的分手，体会到了自己的缺点和不成熟。

那么你呢？会不会给自己贴上失败者的标签，对自己失去了自信呢？会不会整天悔恨：“当时如果我这么做的话……”“当时我为什么要说那样的话？”

如果你不自信，他就不会感受到你的魅力。很少有男士会愿意与一个没有自信和魅力的女士交往。

自信非常重要。我认为，自信，顾名思义，就是“相信自己”，“相信自己一定能做到”。

请自信起来！要想恢复自信，就要有一些自信的筹码，比如“至少我做了这些事”，再比如“现在的我已经不同以前了”。没有筹码，就不会萌生自信。因此，要多给自己制造一些自信的筹码。

希望你凭着这些筹码，重拾自信，焕发光彩。

为了让你重拾自信，我希望你能回忆一些情景。那就是你们开始交往的事情。

他给予你的爱情是怎样的？

而你又是如何爱上他的呢？

你们曾经对于彼此而言是无可取代的。你是有魅力的，也正因如此，你才拥有了一段美好的恋情。

你并不是不会谈恋爱，也不是不会和他相处。因此，请你自信起来。

请你回忆和他在一起时的点点滴滴。如果你认为“那是一段痛苦悲伤到无法忍受的日子”，那么很遗憾，你可以合上这本书，可以“放弃治疗”了。但如果“那是一段美好和快乐的日子”，那么就不要犹豫，努力去重新找回那份恋情吧。

你现在已经找到了复合的机会和方法。

从今天开始，为了你们的复合成功，一起努力吧！

四、结果会如愿以偿的

我在给别人提复合建议时经常会使用“结果会如愿以偿的”这句话。

至今复合成功的人们，都在想象着美好的未来。因此，我想让你知道，你的愿望也会实现的。也就是说，我希望你现在就坚信你们一定能够复合成功。

自我暗示是复合路上很重要的一门功课。总是往乐观的方面想，会让你游刃有余。坚信会有好的结果，会对你的行动或思考产生积极的影响。这一点已经在复合成功的实例中得以证实了。

比如，你正在跟他说话，而他无精打采，话语不多，这时的你会是什么样的心情和想法呢？

如果你想的是“他是不想和我说话吧”，“他讨厌我吧”，“我对他而言是个麻烦吧”……那么你就要注意了。

现在的你已经被消极思想束缚了。如果你总是那么想，会让他觉得更加疲惫，甚至会让他觉得还不如不再联系的好。

因为你如果在毫无自信、懦弱胆怯的状态下和他联系，很有可能会不经意地就说出自我怀疑的话来。他如果兴致不高，你又会情不自禁地说：“对不起，你是不是不想和我说话了啊？”“如果我打扰到你了，你就告诉我……”

他虽然嘴上说“也没有啦……”，但心里可能会觉得你很烦了。

相反，如果你积极开朗、乐观轻松，那么当你看到他无精打采时，首先想到的应该是：“你怎么了？”然后就会自然而然地关心他：“是不是累了？”

听到你的关心后，他会坦率地和你聊他的近况，例如“最近工作特别忙”。你只需要默默地表示理解——“这样啊，真是辛苦你了”，这就可以了。

这样简短的对话，对于他来说却是能够放松地聊天。他会心里暖暖地，认为你很善解人意。

以上两个例子，他的心情、语调完全是一样的。但是如果你的心境不一样了，你的言行就会截然不同。

当然，他接下来的言行也会有所不同。如果你一直表现得没有自信，妄自菲薄，就会与复合之路渐行渐远。但如果你充满自信，勇敢应对，就会像完成拼图的最后一块图案一样，你们的复合之路就近在眼前了。

短信也是一样的。你发送了短信，他也回复你了。但仅是只言片语，连个表情符号都没有。

这时与其浪费时间感叹“好冷淡的回复啊”，“果然是希望渺茫啊”，不如反过来想“太好了，他回复了”，“比之前回复得更快了”。这样下次你再联系他时，就能乐观地积极应对了。

这份泰然处之的心情，会让你们的联系更加自然，让你更加集中精力和他愉悦地交谈。

同时，这种信念用在他身上也是很有效的。通过对他施加暗示，也能把他改变成你期望的样子。

例如，你们分手后，如果你说他，“你这个人简直糟糕透了”，“你怎么会这么冷漠无情”。他就会厉声厉色地说，“是啊，我就是一个糟糕透顶的人”，“我就是一个冷漠的人”。

但如果你赞美他，“你一直都是那么温柔”，“即使分手了你还是这么关心我”。他就会慢慢地变成你所期待的那样，不知不觉中扮演起了你口中的那个他。

你不断地说他善解人意，他就会把自己塑造成一个善解人意的人。那么当你提出要求时，他就会觉得“我是一个善解人意的人，所以不能拒绝她”，而你得到“YES”回答的可能就会增加。

因此，对他说“你真的很冷淡”和“你一个人好像也过得很好嘛”之类赌气话的人，希望你能认识到，你会让他的态度变得更加不好。

只要稍稍改变一下和他说话的方式，结果就会完全不同。

“结果会如愿以偿的！”

反正有这个想法，为什么不相信这个可能，并勇敢地试着努力呢？

五、换个角度，世界大不同

开始复合行动后，在每个阶段，都会有各种各样的担忧困扰着你。

从刚开始的“我们真的有可能复合吗？”到“怎么做才是最好的选择？”“他不给我回短信，是不是讨厌我了？”“他好冷漠啊，我们果然是没希望了？”“他真的只是忙吗？还是有别的理由？”“他会不会有新的女朋友了？”……每当这时，就会有无穷无尽的猜疑伴随着你。

不安接踵而至，你开始有点想放弃了。

难道真的没有办法解决了吗？

答案是“NO”。

其实，你可以把不安转变为希望的。

假设你不得不做一个决定，你能毫不犹豫地立刻决定了吗？没有任何后顾之忧吗？

人往往在决定一件事时，总会有些许担忧和不安。并不是说只有在选择复合时才会担心和不安。

每个人多多少少都会有一些不安。不是只有你一个人在不安，也不是你在不安面前比别人软弱。

在我接受过的咨询中，说自己担心得快要发疯了的人不在少数。正因为他们真心喜欢对方，所以才会有不安。我非常理解他们的这种心情。

但是，如果只有不安，那么还不如不要复合。如果复合只会让你得到痛苦，那么就没有任何意义了。

因此，改变一下想法吧。

你现在的不安，真的是值得你担心的事吗？

作为当局者的你可能看不到，但如果你冷静下来就会发现，你所不安和担心的事情中，其实隐藏着极大的希望。

前几天，我接受了这样一个咨询。

我约他，被他拒绝了。他说："我很忙，下次吧。"之前有一次也是说"不行"。我本来以为这次一定可以约成的，恐怕我们是没有希望了吧？

如果是你，你会如何回答这位咨询者呢？

她的烦恼在于，约了两次，可是两次都被拒绝了。上次的答复是"不行"，这次是"下次吧"。

仔细想想，这次的回答比起单纯的"NO"，还是能够让人有所期待的。比起上次，他对你邀约的态度变得积极一些了。仅这一点，就已经是一个进步了。

甚至还会有更大的可能。

接到她的邀约后，他如果觉得很厌烦或讨厌的话，恐怕在第一次被约后就不想再联系了。比如，不回复短信，或者回复得特别慢，而且态度变得很差。

但是，他和她却像往常一样联系着。这就意味着他并不厌恶她的邀约。如果厌恶的话，他一定会躲着她的，她也能感觉到他害怕她再次约他。

但是他并没有，而是很自然地在回应着她。而且他从“不行”，变成了“下次吧”。

这么一想，我相信你一定会明白，这绝不是一件值得你悲观的事。

在惶惑不安之前，请先抓住近在眼前的机会。机会一定有很多，但关键是你要有一双发现它的眼睛。

换个想法，换个角度，世界就大不同了。

机会面前人人平等。奋力一搏吧！

六、喜欢是复合的基础

前面六节的叙述里，我都是希望你拿出复合的勇气，并抱有希望。

但在本章的最后一节，我希望你能再次审视你自己的内心。

你现在确实有一个特别喜欢并很想和他重归于好的对象吧？

也许你们分手的时候，互相之间误会很深，留下了很多不美好的回忆。

但是，即使这样，你还是希望能够和他重归于好。那就说明，对你而言，他身上有一种说不清道不明的内在魅力。

当你下定决心要为复合而努力时，又会对眼前的举动感到力不从心。他不回复短信时你会心烦意乱，他态度冷漠时你会悲从中来，还会疑神疑鬼地猜测他是不是很讨厌你了。

但是，即便如此，你还是很喜欢他。

为什么即使他那么对待你，你还是无法忘记他呢？为什么你还是离不开他呢？

这个答案，就是你现在最重要的心情。

为什么你那么喜欢他呢？

那是因为，你熟知你们恋爱时那个令你心动并感到温暖的他，那个总是在你困难时助你一臂之力的他，那个伤心难过时逗你开怀大笑的他。

你回忆时总能深刻地感受到他对你的爱，能想起他把你抱在怀里时的坚强有力的臂膀。

你们牵手时的温暖。

他认真专注的侧脸。

正是你们之间的这些点点滴滴的美好回忆，打动着现在的你。

我即使有妙笔，也无法写尽你们之间温暖而又美好的回忆。

想重归于好，是情理之中的事。况且，复合的可能也是有的。

因此，不要徘徊了，也不要犹豫了。

当你情绪低落止步不前时，当你焦躁不安迷失方向时，请回想一下，为什么你那么喜欢他，那么难以割舍他呢？

你心里的那个答案，就是你们复合的原动力。

第二章

重归于好最重要的要素

生活就像一包方便面，
躺在酸甜苦辣中发着胖。
—ZCC

一、不要轻易给自己划定界限

我在本章主要介绍复合时应该如何保持正确的想法和心态。

实际上，复合成功或失败的主要差异就在于你的核心部分（也就是内心）是否足够坚定。

每个人的情况都不尽相同，所以我给你的具体建议，不一定完全符合你的实际情况。但是，只要你行动的初衷，也就是你的想法是正确的，那就没问题了。不用担心，你们一定能够复合成功的。

很多来找我咨询的朋友都会说，“我的想法总是觉得很悲观”，“我觉得我不行”。

人很难永远都那么积极向上、自信满满，有时候难免也会胆怯懦弱，会悲观消极。

但是，此时你应该问问你自己：我的极限就到这里了吗？我所谓的“全力以赴”就只能到这一步吗？

运动员经常说的一句话是：自己的极限是自己决定的。我很赞同这种说法。你的极限还远远没到。希望你不要轻易给自己设置界限。

不要低估自己的价值，认为“我也只能做到这一步了”。你比你自己认为的要好很多，这一点我相信他也很清楚。当然，如果你连你自己都看低了，那么他也会因此而看不起你。

我能理解你不由自主地陷入悲观情绪的心情。但是，请不要给自己划定界限，认为自己天生就是悲观的，所以就没办法了。不要轻易给自己设限，要相信自己能做到的还有很多。

不要自甘于懦弱的自己，而要欣赏美好的自己。

在复合行动开始前，首先要相信自己一定能行。

二、你是受害者吗

万事万物都有因也有果。不知道原因，就无法对症下药。

因此，为了复合成功，客观、准确地分析分手的原因，这一点是很重要的。

思考分手原因时，女性咨询者的一个显著特点是，认为自己是受害者。

“他一直不跟我联系，对我特别冷漠。”

“我那么爱他，他却薄情寡义。”

“我经常受他摆布。”

……

所以我真的很可怜。

很多女士都在这么抱怨。

但是，事实真的是这样吗？

也许他并不是故意不跟你保持联系，而是他真的太忙了呢。

也许他并不是对你失去了兴趣，而是因为有你在，他才能专心致志地工作，也因此和你说话的时间少了一些呢。

也许他在以他自己的方式表达着爱意，希望能让你高兴呢。

转变一下思维，或许你就会觉得这并不是他一个人的错。

有时候，他并无恶意，但你却想多了，或者沉浸在自己的臆测中。

如果你一直认为是对方不好，就会无意中不断地责怪对方，认为自己是受害者。

但是我认为，感情中无法区分出谁是施害者，谁又是受害者。

如果你坚持认为对方不好而自己没有错的话，复合就无法顺利进行，也找不到复合的方向。这种想法会阻碍你走向复合之路。

请先抛弃你的受害者意识，站在对方的立场上考虑一下问题。

为了做到这一点，请舍弃“我为他付出了那么多”的想法。

因为你为他付出的，不仅是为了他一个人，同时也是为了你自己。

因此，如果你期望他给你足够多的回报，一旦没有回报你就责怪他，只会导致更加没有回报，形成一个恶性循环。

停止这种不正常的恶性循环吧。

当你为他付出时，你应该这样想：我是心甘情愿的，所以才会这么做的。

当他感谢你时，也不要认为理所当然，而要想，是我自己想这么做的，所以不用感谢我。

这么想以后，你的压力会大大减小。他在和你相处时，也不会觉得那么压抑了。

三、提出分手的他其实也很心痛

既然提到分手，那么我想问问你：先提出分手的，是你还是他呢？

如果是他提出分手的，那么我给你分析一下他的心理和真实想法。

实际上，他也充满了罪恶感。

被宣告分手的一方总会认为，他那么决绝地抛弃我，肯定已经了无牵挂了。

但其实，他也很痛苦。或许他为了下定决心，不得不以冷漠无情的方式对你，以免自己拖泥带水，或者流露出还有所牵挂的情绪。

其实，他也一直在挣扎着，在说服自己接受分手这个事实。

或许你可能会说："既然如此，复合不就行了吗？"但他也是有自尊心的。他在思前想后得出的结论，不可能说推翻就推翻了，而且他也担心两人之间有了裂痕，感情就不能像之前那样热烈了。

此外，如果询问提出分手的男士，分手后能接受什么程度的联系。他们中的大多数会说，"如果只是偶尔互相问候一下的话还是OK的”，“如果只是闲聊，那也还可以跟往常那样联系”。也就是说，如果是以普通朋友的关系进行联系的话，他们是不会拒绝的。

也许他并没有像你想象的那么讨厌你，也没有想着要躲避你，或者不想跟你再有任何联系。

既然是自己被甩了，所以挽回他是不可能的了。这种想法我很理解。但是，如果这么想的话，你就真的什么也得不到了。不如把他的言行往好的方向解释，下定决心，拿出勇气，往前迈进一步。

事实也证明，能这么想的人是能够复合成功的。

在你抬头望向天空、流下眼泪之前，为什么不想想，他也同样很孤单，然后鼓起勇气联系他呢？

四、分手后的关心说明复合有望吗

分手后，他有关心过你吗？还是对你很冷淡呢？

期望复合的人，大部分都会回答：“很冷淡。”

分手后关心你的他，和对你冷漠的他，哪个更有复合的希望呢？

毅然决然地提出分手，突然变得无比冷漠的他，恐怕是为了你才那么做的。

他是为了不让你牵绊住他，能够干脆利落地分手，所以才对你如此冷漠的。但这并不代表他是个冷漠的人，也不能说明他很讨厌你、在躲避你。这是他对你最后的温柔。

然而，很多女士对他这种突然变得冷漠的态度大吃一惊，继而急于想修复关系。她们总是很伤心，“我们曾经是那么相爱”，完全不能理解他的想法。

因此，她们无法接受已经发生的分手事实，总是想把两个人的关系恢复到以前的样子。

但是，你越是这样做，他反而不得不对你更加冷漠，甚至恶语相加。他会讨厌你，觉得你无法理解他的心情。这样一来，本来一开始只是爱情冷战，到后来就真的发自内心地讨厌起你来了。因此，要注意这一点。

分手后依然对你比较关心的人，虽然也希望你果断地放弃，但又不好意思突然变得冷漠无情。

他希望至少在你接受分手这个事实之前，不做过分的事情来伤害你。所以他一开始还是很温柔的。

但是，即使是这样，他也会慢慢变冷淡的。

他最终对你彻底变冷的理由一般都是“我有别的喜欢的对象了”。

之前只是不想让你太痛苦才关心你，一旦他有了比你更重要的人，对你就会完全失去兴趣。

此时，你又会开始焦急，继而责怪他：“之前你对我那么好，最近变得冷淡了”，“你是完全不需要我了吧”。他本来就没有那么爱你了，再被你一再指责，就会彻底不理你了。

分手后还跟前女友藕断丝连的男士，其实对女士是比较随便的。

对于这种人，不能沉浸在他的关心中，而要干脆果断地和他一刀两断。

分手后对你温存依旧，还是形同陌路，其实对复合的影响都不大。

不管是关心还是冷漠，遇到爱情后的结果都差别不大。对你冷漠的人，不代表完全没有机会了。

正如之前所述，如果知道了为什么关心你，为什么对你冷漠，你就能知道如何应对了。

五、你的笑容会变成他的笑容

你听过“因果报应”这个词吧？意思是说你做过的事情，最终会回馈到你身上。我认为恋爱也是如此。

恋爱时，你或多或少会对他表示过不满吧。我经常听到有人说，她向他抱怨，结果对方就提出分手了。如果用因果报应这个词来解释的话，他和你一样，对你同样也有很多不满。

很多人可能会觉得，“他没说对我有什么不满啊？”那只是他有没有把对你的不满挂在嘴上的问题。有些人意识不到这一点，就会误以为：

“他没有不满。那是因为我很爱他，我是一个好的恋人。”

“我自己有不满。那是因为他不够爱我。”

这种想法恐怕是一个很大的误会。他对你也有不满，只不过是爱你太深，所以不愿意把破坏你心情的话说出口而已。

很少有恋人之间能一方怨言不断，一方却幸福无比的。双方应该都是一样的感受。

你现在做的事情，最终有一天会回馈到你身上。所以你应该明白，分手不过是至今与之相应的言行所造成的结果。

但是，这个因果报应，并不是只能用在坏事上。好事也一样。如果你对周围的人友善，就会有好运降临到你身上。

事实上，我经常能听到复合成功的人这么说：

“我和周围人相处时更加开朗了。”

“我开始意识到，自己不想听的话，也不能给别人说了。”

“我能站在对方的立场上考虑问题了。”

……

通过这些案例，我们就能明白：自己用心做了好事之后，自己也会碰到好结果。

如果你认为自己“最近怎么这么多倒霉事”，“最近运气真是不好”，就要反思一下自己的行为了。你是不是看什么都不顺眼，对周围的人很没有耐心呢？是不是你把所有的注意力都集中在不好的事情上，因而忽略了一些微小的好事呢？

如果你真的想复合，希望你能善待他以及你身边的人。这种善意绕一个大圈后，最终会给你带来一个惊喜的结果。

如果你忽略了这些，一味地把你的情绪强加给他，恐怕他也会用相同的方式对你。

这里希望你注意的是，对他来说的好事，不一定需要你付出什么行动。

例如，分手后他想暂时冷静一下，如果你想法设法做很多事，反而会起反作用。在这种情况下，什么都不做，才是对他的“好事”。

努力了就一定会有回报。加油！

六、把悲惨的过去变成愉快的回忆

“伤心的、痛苦的回忆”和“开心的、幸福的回忆”，哪一种会让人更加记忆深刻呢？

可能每个人有每个人的想法，但是我认为是“开心的、幸福的回忆”。

请你回忆一下你们的过去。如果是刚刚发生的不愉快的事，可能会在你的脑海里徘徊，久久挥之不去。你会觉得，不愉快的事很难忘记。假如是很久之前发生的事，你还会记得那么清楚吗？

恐怕还是快乐的记忆比较多吧！

正是因为有许多开心的回忆，我们才能享受当下。如果总是被不开心的过往所束缚，那么我们的余生将会多么不幸啊。

也就是说，不管刚刚和你分手的他多么讨厌你，这种厌恶感都会渐渐淡化，很有可能最后只剩下了美好的回忆。随着时间的推移，他关于你的记忆，就会变得越来越美好。

那么，你只要一直等待他的回忆变好就行了吗？当然不是。

与其等待，不如去做一些有利于唤起他美好记忆的事情。

例如，如果他曾经喜欢的是你的温柔和开朗，那么今后和他相处时，你就展现出这个优点。如果他喜欢的是你的女人味和可爱，你就展现出可爱的一面。帮助他回忆起你们过往的美好，是一件很重要的事。

这种努力，无需惊天动地，小事即可。一些细小的行为，就有可能让他对你刮目相看，或者对你有一个好的印象。

不要被分手时的坏印象束缚住了。让我们为了留住过去恋爱时的美好而努力吧！

七、不强加理想，不要求过多

你心目中的理想男友的标准是什么？是不是希望你的男友能像你想象中的那样？

我这么问是因为，有些女士由于达不到自己的“理想”，就会对男友怨言不断，逼迫他做一些事，最终导致了分手。比如：

我希望他永远对我保持热情，但是他却很冷淡。

我希望他能按照自己所想的去做，他却做不到。

我希望他更加珍惜自己，却感受不到他的珍惜。

发现他和你的理想有差距，你就抱怨不断，对他步步紧逼。

追求的理想过高，然而现实又跟不上，你就会有各种不满。

我希望你知道一件事：你的那些抱怨，恐怕只是你的独角戏而已。

他真的像你想的那样，没有好好珍惜你吗？

例如，他最近工作很忙，无暇顾及其他事情，你就觉得他对你冷淡，但是他却在想，等工作告一段落了再和你说。

我的有些咨询者也许会发现自己理想过高，现实中经常抱怨对方。

但是即便意识到了，还是期望很高，“他回复短信回复得很慢”，“有时都不主动联系我”。

如果他能满足你的期望当然更好，但是过度期待就很危险了。如果要求过多，就会成为你的负担。

如果想让他做的事他做不到，你就容易不耐烦、焦躁、情绪低落。

前几天，有一位女士咨询我：一直没有回复短信的他终于给我回复了。我本以为这是逐渐和他拉近距离的契机，没想到他回复的内容却十分冷淡。

虽然这确实让人感到沮丧。但是比起之前的不回复，现在也算是一个进步。我为她感到遗憾，希望她能首先为“他回复我了”这件事而感到欣慰。

像这样，好不容易前进了一步，如果你要求更多，就会让自己很痛苦。积极向上不等同于期待过高。

他有他的节奏，不要总是把你的理想强加给他，而应该试着顺着他的节奏，一步一步地往前走。

看似迂回婉转地在绕远路，说不定这才是重归于好的捷径。

八、要想复合，就不要发牢骚

前几天，我从我的朋友那儿听到了一件令人遗憾的事情。

他刚和女朋友分手。他被人家给甩了。

听了他的叙述，我马上就明白了，他对这段恋情非常不舍。但是，他一个劲儿地列举着她的不是，然后问我应该怎么复合。

我给他提了一些建议，他照着做了。他的女朋友很开心。他也很感谢我，可是在给我反馈消息时，仍然在说她的坏话。

也许他是为了保护自己而说了对方的坏话，但是他这么做会导致反作用。越是说对方的坏话，自己只会越觉得空虚。

听的人也会烦，就会觉得，既然这么讨厌她，不见面不就行了吗？也就不会支持他复合了。

你的情况是怎样的呢？你会不会在他面前装好人，在朋友面前说他如何不好，满腹怨言呢？或者虽然不直接说他不好，但却讲一些不太好的插曲，让朋友对他的印象大打折扣。

如果你这么做，当你想复合时，很可能会遭到别人的反对。而且你说的那些坏话，也有可能会传到他的耳朵里。周围人对他的评价会下降，而对他恋恋不舍的你，也会遭到非议。

你这么做相当于你自己把你们两个人的评价都给拉低了。

这样一来，没有一个人能留下好印象。

你期待复合仅仅是因为对他的留恋吗？如果仅仅是留恋，那么出现了另外一个好男士，你也会转移心思的。如果无论如何都不会喜欢上别人，那么说明你不是留恋，而是发自内心地爱他。

因此，不要破坏你心爱的重要的人给别人的印象。如果你想和他复合，就绝对不要背地里说他的坏话或者满腹牢骚。

九、为了复合，要学会舍弃

看到这个标题，你会觉得吓了一跳吗？

别害怕，这里所说的“舍弃”，不是指某些东西，也不是指回忆。

在为了复合踏出第一步之前，希望你能舍弃的是一些错误的观念。

第一个要舍弃的观念就是，“复合是一件错误的事情”。

我注意到，一直以来，人们对复合抱有偏见。这说明，社会上有很多人认为不应该考虑复合。

但是，你舍得放弃他吗？你明明很想和他重归于好，却相信“复合是错误的”，被这个观念所束缚。你甘心吗？

在这种前提下，即使你放弃复合了，也很难开展下一段恋爱吧？

“好马不吃回头草”，只是几种不同想法中的一个而已。

请果断地舍弃你这种多余的想法吧。

第二个要舍弃的观念就是，“你的没有必要的自尊心”。

在被所谓的用来“自我保护”的自尊心阻碍下，有很多人无法听到自己内心的声音。

尤其是说前男友坏话的人，这种倾向更加明显。好似要昭告天下，我们的分手完全是因为他的错。

这样的人，如果承认自己不好，内心就会受伤，所以尽力要把自己的形象拉高。但是，一味这么做，会让自己看不清真正的问题所在，也看不到未来前进的道路。当然，复合之路也就不会一帆风顺了。

舍弃你的没有必要的自尊心，诚实地面对自己的内心吧！这会让你一身轻松。

第三个要舍弃的观念就是，“以往的恋爱观”。

很多复合成功的朋友，都说自己以前关于恋爱的看法是错误的。由于他们认识到了自己的错误，并能够及时改正，让对方看到了自己的改变，最后成功地实现了复合。

带着过去在一起时的观念与他交往，是不会有任何改变的。请你重新审视一下你与他沟通和交往的方式，相信经由你的改变，你会发现自己散发出了不同以往的魅力。

很抱歉，我一直在提一些苛刻的要求。

但是，当你站在起跑线上，踏上复合之路之前，需要尽可能地舍弃不需要的东西，轻装上阵。

这样，你才能一路畅通，顺利地前进。

第三章

向着复合之路，开始行动

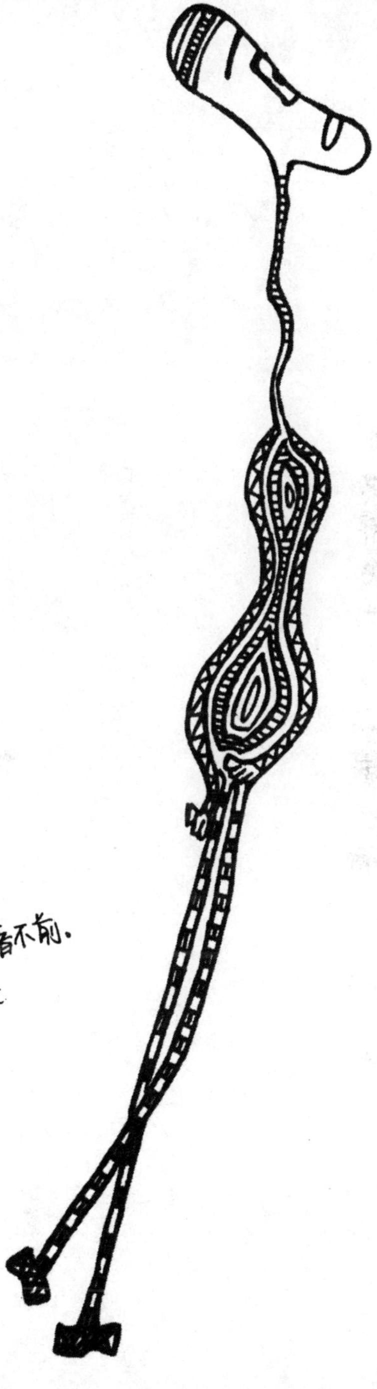

总是喜欢将心事藏在体内，
藏到最后双腿蹒跚踌躇不前。
—ZCC

一、刚开始是否应该保持距离

我在本章终于要介绍关于感情复合所要采取的具体行动了。

迈向复合之路的具体流程，有如下六点：

①双方都冷静下来；

②逐渐开始联系（同时收集他的相关信息）；

③让他再次感受到你的魅力；

④根据收集的信息，成为他理想中的女士；

⑤让他对你产生好感；

⑥重归于好。

那么，接下来就按顺序进行逐一说明。

先说最初的第一步。要想重归于好，应该先怎么做才好呢？

很多谈论复合的文章或网站，都建议“开始要先保持距离”，或“什么都不做，暂时先放下”。但果真如此吗？

前一章中我已经讲述过，不同的个人性格、不同的分手状况，采取的复合方法也是不同的。有些人应该放置一段时间，有些人则适合立即采取行动。而且即使是需要放置一段时间的人中，有的只需要两个星期时间即可，但有些可能三个月的时间都不够。

那么，你自己究竟需要多长时间的冷却期，这个问题需要有人告诉你吗？答案是“NO”。如果你知道了为什么要保持距离，以及保持距离后会发生什么，那么你自然而然就会知道需要多长时间的冷却期了。

现在，我们来想想，如果保持了距离，他会发生什么变化。记住，不是指你的变化，而是他的。

第一个变化是能让他冷静下来。他会心平气和地回想，“当时我确实说话有点过分了”，“我也有不对的地方”，等等。这样一来，分手时的厌恶感和拒人于千里的心情就会慢慢淡化。接下来，他就能以轻松的心情联系你了。

第二个变化是让他重新梳理关于你的记忆，回忆起你们在一起时的美好。分手时的不愉快会逐渐消失，转变为开心的回忆：“她其实是个不错的女孩子”，“那时我们是多么的快乐”……

接下来就是重点了。那就是，这些感受会逐渐变为一股失落感。失去你，已成既定事实。心里不免会萌生寂寞。如果你去挽回，他就不会有这种感觉了。但是如果保持距离，他的失落感就会越来越强烈。

他的心理变化大概就是这样的。

理解了这一点，再次和他见面时，你会发现他的心情已经平静下来了。那么你也可以冷静地和他接触了。以全新的心情，像老朋友一样和他交往，他就很容易接受你。这就是复合成功的起点。

但是，如果你不理解这一点，只是一味地保持距离，他就会觉得你和分手之前没有任何改变，你们之间的谈话也只是分手的续集而已。

他好不容易平复了心情，你又起了反作用。

发生这一变化所需的时间长短因人而异。如果他平时是个活泼开朗、不拘小节的人，你就可以缩短保持距离的时间。反之，如果他是个认真严谨又有点神经质的人，你就需要给他一段很长时间的冷静期了。

此时重要的一点是，你自己如何度过保持距离的这一段时间。如果你满脑子里都是他，什么事情都不做，虚度光阴，那就太可惜了。不妨利用这段空白期，让自己成长起来吧。

例如，不仅仅是给他展现自己最好的一面，要同时展现给周围关心你的人。

这种习惯的积累，会让你越来越有魅力。

为了复合成功，你现在需要做的，不是一味地纠缠他，也不是执着地联系他，而是给他时间，让他回头想想你的好，给他一点沉浸在哀愁中的时间。这样会让你变得更加有魅力。

如果你现在无所事事、不知所措、意志消沉，请你一定要参考这一点。如果你能做到，那你已经离复合之路又近了一步。

二、最好不要保持距离的案例

前面我说过，有些人适合保持一段时间的距离，而有些人则不适合保持距离。

那么，适合立刻采取行动的是哪种情况呢？接下来，我通过一些案例来做详细说明。

案例（一）

昨天为了一件很小的事情和他吵架了，一时生气就分手了。他平时早上起来后都会立刻发一条“早上好”的短信，今天却没有。

吵架的起因是，他打电话说由于临时有很急的工作要做而抽不出时间，所以得取消原定的约会。因为这样的事是第一次发生，我很生气，就责怪了他。之后他也动怒地说：“我也是没办法啊！算了，分手吧！”然后，他就挂断了电话。

我很害怕，之后也没敢再打电话给他。现在一想到我们是真的分手了，就很伤心，泪流不止。

像这种案例，很少吵架的两个人却来了一番唇枪舌战，在气头上提出分手，那么他一般都会事后自我反省的。这种情况下，我会建议尽早采取行动。重点是你一定要先让步。

对于吵架是家常便饭的情侣，与其立刻行动，不如放置一段时间，让双方都冷静一下比较好。

案例（二）

和他分手已经有一年了。彼此平时偶尔会有联系，但都是互相吐吐苦水或者开心地聊聊天之类的，保持着好朋友的关系。

分手后，我们都和别人交往过，但我现在是单身，他也很快要和现任女友分手了。

我们做朋友的时间比做恋人的时间还长，我还是很喜欢他，但他看起来似乎对我没有感情了。

我该怎么做才能复合呢？

像她这个案例，无论是时机还是状况，都具备了复合的条件。

如果他不想和你交往，就不会告诉你他快要和现任女友分手了。因为他会害怕你提出复合。

但是，他却给了你一个快要和现任女友分手的暗示信号。

接下来你的任务就是，让他意识到你是一个有魅力的女士。事不宜迟，如果你能让他意识到你是他身边的一个备选女士，他也许就会和现任女友分手，重新回到你的身边。

案例（三）

前几天，很偶然地遇到了已经分手五年的他。两个人之前完全没有了联系，互相都成为了彼此的历史，但是再次相遇，还是能感觉到他一如既往的体贴，以及自己的心动。

询问之后才知道，他因为工作调动来到了东京。他说初来乍到，还不是很熟悉，所以互相交换了联系方式。相互寒暄几句之后就分开了。

我们之间都已经结束了，恋情成为过去了，还有可能重归于好吗？

我认为是有可能的。

他也一定会认为你们的重逢，是命中注定。你应该立刻联系他，两个人坐下来好好聊聊。

你觉得怎么样？这些法则大概了解了吗？

除此之外，我这里还有一些趁早快速行动的案例。例如：

互相联系，一起出去玩可以，但是回不到恋人的关系了；

他身边还有新的女朋友。

这些都是同一种类型的情况，接下来，你只要让他重新爱上你就行了。

加油吧！

三、复合的第一步：打消他的戒备心

互相保持距离，让彼此冷静之后，接下来就要鼓起勇气和他联系了。

这时要切记一点，不能很突兀地提出复合，而是要从朋友的关系慢慢开始。请一定要记住这一点。虽然我知道你很喜欢他，但是不能让他有压迫感。先从让人感到轻松的朋友关系开始。

刚刚和你分手的他，现在对你还持有戒备心。

“反正她也不会有什么改变。”

“肯定还会发生不愉快的事。”

“她接近我到底有什么企图？”

……

他的不满情绪还在继续酝酿中。

这时，无论你如何强调“我会改掉坏毛病，你再重新考虑一次吧”，“我已经改变了，已经不再是那个你讨厌的我了”，他都完全不会听的。

如果这些话触动不了他的内心，那么不管你怎么说，他都只会觉得你很烦人。

在这种情况下，首先要让他能够耐心地倾听你的心声，诚恳地接受你说的话。

这时比较有效的方法是，让你的好朋友之类的人来帮你传达。无论你怎么说，他都会有戒备心，曲解你的意思。但是，第三方的意见就会比较容易被接受。

话虽如此，如果你身边有这种能居中调解的朋友当然更好，然而很多人都没有这样的朋友。

这种情况下，只有你自己去向他表达了。

为了让他能平静地听你说话，你需要打消你们之间因为分手带来的隔阂。

首先，你要让他明白，“我不会对你做什么坏事的”，“我不会给你带来困扰，我希望能帮助你”。

很多人都会犯一个错误，那就是，急于强调自己对他的喜欢之情。这样只会让事情变得更糟糕。

倒不如先让他认为你的存在不会对他带来伤害。

当他认为你是“无害的”之后，就会解除戒备心。

在打消了他的戒备心之后，你就能以朋友的方式和他轻松地交往了。在这种轻松愉快的环境中，你才能让他慢慢感受到你的改变。

你明白了吗？他如果不解除戒备心，是不会耐心听你说话的。如果你不断地给他施加压力，一味地表达你是如何放不下他，他反而会把心门关闭。

要想复合，首先要把自己放在“他的朋友”的立场上。等他解开心结，对你展露笑容之后，你就可以表达你的想法了。

四、搜集信息是关键

在复合过程中，时机是很关键的。例如，时隔很久之后给他发短信的时机、约他见面的时机、提出复合的时机，等等。时机恰当了，很多事情都会进展顺利。

另外，要想抓住时机，就要搜集关于他的信息。

最简单也最可靠的方法是，通过共同的朋友了解他的近况。例如，给他发短信时，最好是他通过晋升考试时，或是感冒很难受的时候。如果你知道了他的近况，也就不愁没有话题了。

或许有些人不希望对方知道自己在到处打听关于他的事情。

那么，你就尽量不要牵强地去打听他的事情。尽量多和朋友见面，或者发短信，在谈论很多事情的同时，若无其事地提到他就行了。这样就不会给朋友留下你句句离不开他的印象。

在选择搜集信息的中间人时要注意的是，要选择熟悉他，并且能够和你轻轻松松闲聊的人。

有位咨询者向我咨询时，说了这样一件事情。

他和我共同的朋友只有A一个人。

A和他关系很好，但我是通过他才认识A的，并不是很熟。我想向A打听关于他的消息，总是很难开口。

A的朋友B和我刚好是以前认识的朋友，关系很好。但是B又不认识我的前男友。

因此，我想拜托B和A聊聊，有意无意地打听一下关于他的消息。这样可以吗？

这个问题的答案是“NO”。

这样就相当于你在寻求离他关系很远的人的帮助，是一种拐弯抹角的做法。而且就算B愿意帮助你，也不知道他到底什么时候才会向A询问。也可能是几个月之后了。另外，经过B传过来的信息，它的准确性有可能是不可靠的。

与其这么做，不如让B重新介绍A给你认识，让你和A拉近关系，直接向A打听他的状况。

像这样不断收集他的信息，对他的现状多一些了解，你才会更容易行动。

等不到他的短信回复，感到焦虑不安时，如果有了解到他工作很忙的信息，你就能理解他了。如果得知他已经有了新女友的消息，你就可以采取相应的对策，比如过一段时间再联系他。

在联系他之前，我建议你尽可能多地收集关于他的消息。

五、和他谈话投机的秘诀

信息收集得差不多了，时机也成熟了，就可以和他联系了。发短信、打电话，或者别的方式都可以。不过，一开始还是短信最好，不会那么尴尬。第四章叙述了具体的关于短信沟通的注意事项，请参考一下。

在这里，我主要介绍和他谈话投机的秘诀。

首先是引导他说话的聊天方式。

如果你一开始就突然问："周末你和谁过的，做什么了？""有新女友了吗？"他会觉得你在盘问他，就会不高兴。他本来想和你划清界限，你却超越"三八线"贸然侵入了他的领地。

在这种情况下，你要注意，先说说自己的事情，再把话题转移到他身上。例如：

"我周末和父母去泡温泉了，你做什么了？"

"有个人，我好像喜欢，又好像不喜欢，感觉比较微妙。那你有女朋友了吗？"

如果你只是单方面发问，听起来就像在审问他。如果你先说了你的情况，他就不会有戒心。

而且，如果你只是问，"你做什么了？"他会不知道从何说起，说到什么程度，该说什么，但是如果你先说你自己，他就明白了，只要跟你说一样的事情就可以了。这就相当于你给了对方一个聊天的标准。

经常苦恼于说话语气像审问的人可以实践一下。

接下来，我讲讲如何让自尊心强的他也能愉快地回应你的说话方式。尤其是当初在一起就冲突不断的人，可以好好参考一下。

比如，你觉得一对一见面难以实现，想在约他的同时多叫几个人。如果你说："这次我和××他们去烧烤，你也来吧。"他很可能就会不来。

这时，要想让对方开开心心地答应你，重点就是要先夸奖他。例如：

"你好像对户外活动很在行。你知道怎么煮出来的饭好吃，是吧？这次我打算和××去烧烤，一起去怎么样？大家也都觉得你是内行，想叫你一块去。"这么说的话，他对你的邀约的理解会有很大的不同。

由于你是在夸奖他，所以他不会不高兴。当然，你一个人的意见力度不够，而"大家也都觉得"这一句会增加你夸奖他的可信度。

这样一来，他会赴约的可能就变大了。

如果你在引导话题或是相谈甚欢的方法上多下功夫，复合的可能就是无限的。

鼓起勇气和他联系吧！

六、让他愉悦回应的说话技巧

恋情总是不能长久的人，不一定是性格不好，或者不会体贴人。有些人足够温柔，性格也特别好，但是不知为何恋爱总是不顺利。原因究竟是什么呢？

实际上，有很多人只是因为说话的措辞方面稍微有点问题。

例如，你觉得他累了，就对他说："要不回去好好休息吧。"他可能就会误解为："我好不容易来找你，你却好像要赶我走似的。"他对工作有不满，你本来想鼓励他，说："没关系，肯定会有办法的。"他就会理解为："你压根没有认真为我考虑。"

那么，如何才能准确地表达自己的想法，又能让他开心地和你对话呢？

举例说明吧。比如，你想拜托他一件事情。

请他帮忙时，如果你说"帮我做……吧"，他会觉得你总把事情推给他，或者觉得你很麻烦。

此时，最好不要说"帮我做……吧"，而要说"你如果能帮我做……就真是帮我的大忙了"，"你如果能帮我做……我会很开心的"，这样就不会导致误解。比起“帮我做……吧”，这么说能让对方觉得“如果我帮了她，她会很开心”，能起到暗示他的作用。他也希望你开心，所以就会答应你的请求。

这种说法可以运用于各种场合。

假设你想邀请他去吃饭，与其说“去吃饭吧”，不如说“我想和你一起吃饭”，或者“如果你和我一起吃饭，我会很开心”。再比如，你很久没给他打电话了，想打个电话，发短信时最好不要说“接电话吧”，而应该说“好久没打电话了，我想跟你打电话聊聊”，或者“想给你打个电话，你看什么时候方便呢”。

说话有技巧，得到“OK”的回复几率就越高。

但是，有些人会担心，我如果那么说的话，他会不会觉得我对他还余情未了呢？“如果你……的话，我会很开心”，确实听起来像是你还没放下他。

但是，如果他这么认为，而实际上你和他见面后仍然是云淡风轻地谈话，和他预想的不同，他就会稍微有一些失落。

本来他还觉得是你放不下他，现在却感到了一种挫败感。“原来她已经没有任何不舍了”，他在放心的同时又有一些落寞。这种失落感，在恋爱中是很重要的。这能够使他意识到，失去后感到痛苦，就意味着你对他来说非常重要。

让他有些许失落感，这也是复合的第一步。

回到刚才的话题。如何才能掌控他的情绪呢？

例如，分手后，你有没有觉得你们再次见面时有点尴尬呢？

彼此总觉得氛围很僵硬，你不知所措，或是强颜欢笑，或者两人一起沉默，弄得空气像守灵时一样凝重，困惑充满了整个脑袋，“怎么做他才会笑呢？”“怎么做他才会像之前那样和我愉快相处呢？”

在这种情况下，你可以直截了当地微笑着告诉他：“气氛好像有点沉重啊。”

涉及实质问题时需要注意的是，要微笑着爽朗地说。如果在本就沉重的氛围中太过认真地说，他会显得更加阴沉了。

因为他和你一样，也很尴尬，所以不如一针见血地说出内心的真实感受，把氛围变得活跃一些。只要你半开玩笑地笑着说，他也会笑着回答：“是啊，本来就挺尴尬的嘛。”慢慢就放松下来了。

最让人紧张的是隐藏或者压抑情绪，如果能从中解脱出来，气氛自然而然就轻松了。你们两个人也会相视而笑的。

有很多人在这种氛围中会问：“我们还能做朋友吗？”这么问会让气氛更加沉重。在这种环境下，对方很难说出“YES”吧。

如果你想得到他肯定的答复，就试着稍微改变一下你的表达方式吧。要把握的要点有三个：“不会引起误解的表达方式”、“能让对方高兴的表达方式”和“偶尔要说出真心话”。

七、如何把拒绝变成机会

取得联系之后，下一步就是约他。那么，应该怎么约他呢？

很多人都想在提出约请后得到“OK”的回复。考虑的问题都是，怎么才能让他给我“OK”的答复。

但是，回复到底是怎样的，不约怎么能知道呢？

如果一直担心这个问题，就会永远都没有勇气约他，而且万一答案是“NO”，又会情绪很低落。

其实，没必要考虑那么多。

我告诉你一个最简单的方法，那就是直接约。很简单吧？

如果你总想着怎么约他才能答应我呢，应该这么说还是那么说……有时间为这种问题苦恼，还不如下定决心直接约他呢。

但是，你可能会担心，直接约的话，他会不会讨厌我呢？

你的担心是对的。什么都不想就约的话，是会遭到嫌弃的。

重要的是“邀约后的策略”。

你有没有思考过邀约后应该做些什么？例如，你问他“去……好吗”，他拒绝的话你应该怎么做？如果答应了你又应该怎么做？

比起邀约，更重要的是他回答之后你的应对态度。处理得好的话，他是不会不愉快的。

我来具体说明一下。

比如，你这么决定：你的邀约被他拒绝了之后，你就诚实地表达，“真遗憾！”但要坦然地笑着说，而不要说，“哦，这样啊。”同时流露出失望的情绪，这样会使气氛很凝重。

至今，我已经被拒绝过上万次了，包括恋爱，也包括谈正事。

这时，如果你惋惜地、失望地离去，就一定不会有下次机会了。

反之，如果你轻松地说：“啊，真是遗憾，那下次吧！”就能给他留下爽快、开朗的印象。那么，当他想到上次拒绝你了，就会主动约你。

因此，即使约他后得到的答案是“否”，你也要沉稳地说：“啊，好遗憾呀！”你淡然处之，他就不会觉得心情沉重，气氛也不会变得尴尬。

提出严肃的或者对方不好回答的问题时，最好是轻松地直接发问。比起战战兢兢、拐弯抹角地提问之后，又意志消沉，这种做法从心理健康角度来说，也是比较好的。

你若无其事地问问他，问过也就过去了。如此简单的做法，会给你的印象加分。他既然能随口就说出“NO”，说明他也没有刻意想要回避你。

开朗一些，淡定一些。仅凭这一点，他的“NO”下次就会变成“OK”了。

八、复合的关键，摸清他心情的两个“关键”

在揣摩对方的心理时，如果知道以下两点，将会对你很有帮助——

怎么做对方会高兴；

怎么做对方会生气。

这两点就是理解对方心情的“关键”。

这是因为，很多分手的原因都可以归结于“戳中了他的要害”。

例如，忍不住发火了，揪住他最在意的事情进行攻击。或是开了不该开的玩笑，惹恼了他，等等。即使你自己觉得没有什么大不了，但有些人的自尊心还是会受到伤害。

你试着回想一下，有没有这样的经历——

你拼命赞美他的优点，他却没有什么反应；

你无意中说了一句话，却导致了一场争吵。

赞美他他没反应，有可能是因为他害羞，但更重要的原因可能是你赞美的要点不对。他期待被夸赞的地方，你却没有注意到。

在复合的道路上，如果能让他心情愉快，进展就会快速一些。反之，如果你不知道他生气的“关键”在哪，就会惹他不高兴，很可能会与复合之路渐行渐远。

因此，要熟悉他开心和生气的这两个“关键”。

那么，怎么做才能找到他的这两个“关键”呢？

这就只能靠你平时的细心观察了。

你也可以试着采取各种说话方式来试探他，但是有可能会发生无法挽回的事情。

因此，你平时就要多观察他引以为傲的事物和充满自信的地方，以及常常提起的事情，等等。

如果他以他的工作为荣，那么称赞他工作方面的事情，他一定会很开心。如果他经常谈论体育话题，那么你称赞他运动天赋的话，他也会很开心。

同时，你也可以通过他对其他人的行为表达的愤怒，掌握他生气的“关键”。

如果他对没有礼貌的人生气，那么不注重礼貌的言行就是刺激他生气的“关键”。如果他因为客户不守时而生气，那么如果你不守时，他也会很生气。

你应该从他平时的话语中观察他对何种言行会做出何种反应。

不一定非得是他，也可以是你周围的任何一个人。你平时带着这种意识多注意观察对方。这种平素的训练会让你在重新与他交往时派上用场。他肯定会觉得与你相处比以前感觉好多了。

除此之外，还有别的可以确认他对什么事情感兴趣的办法。

你可以提到你身边的任何一个人，说他特别擅长某种事物。然后，注意观察他的反应。

例如，你说："听说最近××正在准备考取资格证。他现在的工作也很好，但他将来想独立出来自己干。"如果他附和你："真厉害。我也想学习，但总是太忙了。他考的是什么资格证呢？"那么你就会明白：学习、努力，这些因素是他的一个很重要的"关键"。

遇到合适的机会，如果你夸他"你工作很努力"，"你真的很会高瞻远瞩"，他会比听到其他的赞美更加开心。

多观察他，多发现他的"关键"。那么，他对你的态度也会慢慢改变的。

九、最初的第一步，失败了也没关系

有复合意愿，并且已经开始行动的人，在某个时间点上分为了两种：

一种是虽然鼓足勇气迈出了第一步，然而进展不顺利，无法继续行进；

另一种是鼓足勇气迈出第一步后，进展顺利，向着复合之路步步为营。

同样都是迈出了第一步，为什么会有如此大的差异呢？是性格或想法不同造成的吗？

实际上，这种差异的产生在于，最初的一步有没有产生好的结果？

对他采取一定行动后，如果成果不错，就会很开心地进行下一步。如果第一步取得了很好的效果，就会充满自信，勇往直前。

然而，如果效果不理想，就会顿时失去勇气，茫然无措。如果进行下一步计划时，脑子里总是萦绕着上次的失败阴影。

“他要是还是无视我，怎么办？”

“他要是觉得我烦，把我的手机号码拉入黑名单，怎么办？”

想象到不好的结果，就越发没有勇气了。但这只是其中的一步而已。

对于望而却步的你，我有一句话要告诉你。

那就是，第一步即使失败了也没有关系。

最初的第一步仅仅是很小的一步而已。仅仅是一条短信，或是一句问候而已。因此，它不能决定复合的成功或失败。

即使第一步没有成功，与其被它绊住脚步，导致结果往不好的方向发展，你还不如重新再来一遍。说不定下次就成功了。这个小小的成功，可能会成为你自信的来源，为你迈出下一步提供动力，给你注入源源不断的勇气。

鼓起勇气，再往前走一步。如果不行动的话，就不会有任何改变。你迈出的一小步，有可能会带来更好的结果。

没关系的，自信起来吧！

十、积极行动会不会让人讨厌

下定决心打算迈出第一步的时候，很多人都会有一种疑惑。

那就是，我迈出的这第一步，会不会成为了他的困扰呢？

他的心情是否处于能接受我的这一步的状态？他处于哪种状态，我就可以试着迈出第一步呢？在何种状态下，我就得照顾他的情绪再等等呢？要判断这些问题，真的是很难的。

确实，我们都不希望自己的积极努力被他认为是对他的困扰。因此，我为大家总结了一些判断标准。

首先，看看下面这个案例。

“我和他的联系一直很顺畅。之前最后一次发短信还聊了我们共同的兴趣爱好，聊得很投机。但两周后，再给他发短信，过了三天了都没有回复。”

在这种情况下，如果是你，你会怎么做呢？

①他总会回复短信的，耐心等等吧。

②设定一个期限，如果到那时他还没有回复，就试着再发一条短信。

③之前从来没有等了三天都不回复的，发短信问问他到底发生什么事情了。

④无法原谅他的忽视，会催促他说，“你总该回复一下吧。”

其中，①和②是为他着想而稍加等待的例子，③和④是等不及之后主动出击的例子。

在这种情况下，正确做法是①和②。

两个人关系并没有僵化，他也没有不高兴。要么是因为忙，要么是想过段时间再回复你，总之，是一些微不足道的原因导致回复晚了。而且，也许女方只是发了一条可回可不回的短信而已。

不管怎样，在这种情况下，只要你耐心等待，总会收到短信回复的。如果你急于采取行动，焦急地催促他，反而会起到相反的作用。

那么，接下来让我们看看另一个案例。

打电话时，他说：“今年的黄金周很长，但是我没事做。本来想去……但朋友们的假期都太短了。”

如果是你，你会怎么做呢？

①我才不约他呢，我可不想被人讨厌。

②让他看到自己活得很充实，“我也休假，但是已经安排满了。”

③趁机试着邀请他，“要不我们一起出去玩吧！”

④试着爽快地对他说：“如果你不嫌弃，我倒是挺闲的。”

同样，以上的①和②也是为他着想而继续等待的例子，③和④是主动出击的例子。

这个案例的正确答案是③和④。

如果他不想跟你见面，就不会提到这个话题了。这时就值得你勇敢地约他一次。

第②点绝对是不可行的做法。

他说他没有什么安排，你却说你安排得满满的。有些男士就会觉得你是在炫耀。选择在这时候显示你生活的丰富多彩，时机真的是不对的。

那么，我帮大家总结一下判断的要点。

需要“主动出击”的情况：

他没有讨厌你，你们也偶有联系；

之前发的短信，他有时回复有时不回，但你们的关系也没有恶化；

他平时很忙；

短信交流中止的间隔超过了两周。

需要耐心等待的情况：

之前交往时，你对他约束过多；

你很爱依赖他；

他给你的短信回复过于简短，回复率越来越低；

频繁地用短信聊天，或者一方频繁地发送短信。

尤其需要注意的是，交往时你对他要求过多，他很厌烦你的情况。如果这是你们分手的原因之一，他可能会觉得分手后你依然旧习不改。所以你要多加注意。

请你回想一下你们之前的交流状况。你的那些没有实质内容的闲聊短信，他会回复你吗？即使有点隔阂，他也还是会真诚地面对你吗？

如果这两个答案都是“YES”，那么你就勇敢地行动吧。你甚至可以更大胆一些。

如果即便如此还是难以判断，那么就先睡一觉后再做结论。如果立刻做判断，你可能会很不冷静。如果是冷静时做出的判断，应该是正确的答案。

十一、不必过于小心翼翼

你是不是因为想复合，就总是在意他的想法呢？例如，你想见他，于是问他，有没有空。他回复你说，不巧，刚好有事。这时，你就赶紧回复他："对不起啊，你那么忙我还打扰你。我没什么重要的事，你别放在心上啊。"你是不是总是小心翼翼，要不断地道歉"不好意思……对不起……"？

事实上，你的这种态度会让他更加痛苦。

他只是刚好有事才拒绝了你，你却过于在意这件事。他就会很困扰：如果你下次约他，他都不能拒绝你了。他拒绝你时并没有伤害你的意思，而你的反应会让他觉得他像做了错事一样。

如此一来，他会很害怕你再约他，希望你以后别约他了。即使你告诉他，你发现了一家很好吃的餐馆，他还是害怕你提议一起去吃，就会急着要转移话题。你告诉他你在他的附近，他由于没有时间见你，所以干脆就不回复你了。

因为他知道，你被拒绝后会很受打击，不知道该怎么回复，所以就只好不回复了。

这是我们最不愿意看到的情况。这时你应该轻松地说：“哦，那太遗憾了，等你下次有空吧。”这样他也就能够轻松地回应你了。

在意他的看法本身是好的，但是如果过度在意，过于小心翼翼了，就会带来不好的结果。

有实验表明，太过于关心他，或太过于放任他，恋爱都不会长久。复合也是一样的。你太过于在意他，他会感到很不自在的。

为了避免这种状况，你就要和他保持相同的节奏。如果他决定不再往前走，那么你就制定一个规则：“第一步由你迈出，之后的应对要根据对方的反应来决定。”这样对他来说就不会感到过于沉重，两个人的距离也不会太遥远，关系慢慢地就会得到改善。例如：

你先开始向他打招呼，如果他躲避你，那么你就只做打招呼这件事就好；

你先给他发短信，如果他只回复了一次，之后就没有回音了，那么你也不用回他的短信。

你可以根据他的反应态度来行动，不要给他留下低姿态的印象。你和他的交往也会变得容易一些。

因此，如果最近你总是在跟他说“对不起”，那么你就要反思一下了。关系变得不冷不热时，也一样需要检讨。不能拉开你和他之间的距离，而要和他一样不冷不热，在需要他时就联系他。如果他因此不高兴了，那很明显地说明了他希望你能招之即来挥之即去。那你们就需要好好地改善一下彼此的关系了。

通过和他保持同样的节奏，如果他比以前变得好交流了，那就说明你们之间的状况很好了。你们今后也会有很大的发展空间。

你和他是平等的。让他开心很重要，但也得有个度。如果过度了，爱情就会变得很沉重，让人不舒服。请注意不要让你们的爱情变成负担，不要让他感觉到你和他之间有落差。

十二、道歉和反省要等稍微亲近一些之后

和他的关系稍微亲近一些之后，你就可以表达你的反省和歉意了。

对当初交往时的事情进行反省和道歉的原则是，一定要等他能静下来听你说的时候。要等你们能顺畅地沟通时再去表达。

但是，有些人在反省的同时，也全盘否定了自己，或者表达对自己的厌恶。如果你对自己都没有了信心，他就不会看到你的魅力。也就是说，反省并不等同于自我否定。

比如以下的说法，请你看看表达得是否合适。

“我以前一直没有体谅你，我行我素，任性妄为。我这么自私的一个女人，被你讨厌也是理所当然的。但是，分手后我反省了很多，我以后会改的。”

听了她这番话，他会怎么想呢？

首先，浮上脑海的是“好沉闷啊……”，“好尴尬啊……”，“我觉得没那么严重啊，都是因为我她才有这些不好的回忆”，或者“事情怎么变得这么麻烦啊”，等等。他可能已经想和你保持距离了。

为什么情况会变成这样呢？那是因为，你不是在反省过去的错误，而是在反省自己的性格。

如果是交往的方式不好，作为恋人自己做得够不够好的话，你还有反省的余地。但你不能否定自己的个性。你只是偶尔和他没相处好，并不能代表你的性格有问题。除了他以外，喜欢你的人还有很多。

其次，如果你否定自己的人格魅力，那么你在他眼里的魅力也会减少的。你可以在内心里反省自己的个性，但没必要一定要说给他听。

如果你想跟他道歉，只要单纯地、就事论事地说相处时的错误就可以了。也就是针对与他相处的方式进行反省。他也许更期待这种道歉。这样更加直截了当，他听后也不会觉得不知所措。

比如，因为他工作忙，两人没能见面。

你可以说："我没有体谅你的工作。你和我的立场不同，我应该更体谅你的。由于我的不体谅，给你也带来了很大的压力。你想结束恋人关系也是在情理之中的。但是，分手后我反省过了，我不应该用我的标准去衡量你的工作。我意识到了，我应该站在你的立场上为你着想一下。"

你可以试着这么说。这样就不会让他感觉很沉重，或者觉得你是一个很纠缠的人。取而代之，感到的是你的率直，听你说话的人也容易接纳你的歉意。

所以我再重复一遍，向他表示歉意，时机很重要。如果他在气头上，不管你用多么华丽的辞藻，都不会说到他的心里去。记住，要去“说”，但更重要的是“传递”。

如果你想道歉，就要对你和他的关系稍作修复，从最差的状态调整到他愿意倾听的状态。

和他关系依然很僵的朋友，请先不要急于表达你的反省之情。

十三、让他愿意为你出谋划策的求助方式

你的努力终于有了回报，你们之间的距离终于拉近了。但是，从那之后就很难有进一步的发展了。这时，我建议你可以试着找他商量一些事情。

看他会不会帮助你，就能知道他对你的感情到了怎样的程度。愿意和对方分担烦恼，会让两个人的关系更亲近。

如果他找你倾诉烦恼，那当然很好。但是事情往往不能如你所愿。那么，你就要找他倾诉了。这会成为你们之间亲近的契机。

但问题是，有些人即使找他商量事了，但进展还是不能顺利。

“我找他商量了，但他说他也不知道啊。”

“为了让他了解情况，我发了一封很长的邮件，但是他的回复只有一行。”

“他刚开始还认真地帮我分析，慢慢地态度就变得冷淡了。”

为什么会发生这样的情况呢？

经过仔细询问，我发现这么说的人都是把问题抛给

对方，完全希望对方出主意。例如：

“工作上和上司相处得不融洽，如果是你的话，你会怎么做？”

“做事总是没动力，该怎么办呢？”

“我这次要组织一个活动。有什么需要注意的事情呢？”

……

让我们想一想突然一下被抛出这么多难题的人的感受吧。

“和上司相处得不太融洽？……不太明白是怎么回事。”

“做事没有动力？自己想想办法呗。”

“我又不知道是什么活动。”

他一定会一开始摸不着头脑，接着想“我哪知道怎么办”，最后是觉得“都分手了还问这问那的，烦不烦啊”。因为在他看来，他得负全部责任，一一作答，费时费事。

除非他继续问你：“你想怎么做？”否则，就没法给你回复。

所以他当然会觉得烦，“都分手了，我为什么还要管你那么多事？”

让他心情舒畅地接受你求助的方法，一言以蔽之，要具体化，并要夸奖他。

说到具体化，很多女士不由自主地就会喋喋不休地历数自己的艰辛。其实，“具体化”不是这个意思。

此时重要的是，要尽可能详细地描述问题，以及适度地表达自己的意见，“我觉得这么做比较好，你觉得如何呢？”

以刚才的例子来说，你可以这样表达：

“在工作上和上司意见有分歧，我觉得这样做比较好，上司却觉得那样做比较好。我是应该听从上司的意见呢？还是坚持己见，再和上司谈一谈呢？毕竟周围也有同事赞同我的意见。我现在很困惑。你很有工作能力，而且人际关系处理得也很好，能简单地说一说你的建议吗？”

如果是这种求助方式，他会更容易接受。

还有，要记住，求助和抱怨是两码事。

例如，你找他商量：“这次让我组织活动。我没有统筹能力，又不会制定详细的计划。这件事对我来说太难了。”

如果他爱你，会觉得你很可爱，你有困难，你需要帮助。但是，如果他不爱你了，只会觉得，那又如何，你是在跟我发牢骚吗？

别看仅仅是询问他的意见，如果你稍微注意一下，他对你的印象就会大大不同。

你要注意的重点有三个：具体化、夸奖他、不要发牢骚。

十四、让他再次有心动的感觉

走向复合的过程中，让他对你再次心动的阶段是至关重要的。

男士会对女士某些微小的动作感到怦然心动。希望你能研究一下如何让你的举手投足之间充满女人味，然后有意识地培养一下自己。

另外，也可以有一点肢体接触。

互相之间很客气，刻意保持距离，说明两人之间的心理距离变远了。要想拉近彼此的心理距离，首先要拉近身体距离。建议你鼓起勇气靠近他。

不仅是动作，言语也可以让他有心动的感觉。

比拉家常更进一步，可以试着讨论一些恋爱的话题，也可以聊聊电影中男女主人公热恋的剧情。

如果他正在单恋着某个女士，也可以让他聊聊。

这样他就会感到自己的心跳。由于和你的谈话让他感到了心跳，进而可能会唤醒他内心深处曾为你心跳过的回忆。你甚至可以直接聊些你们以前约会的事情。

有人觉得聊感情是禁忌，但有时也不尽然。

发短信时的情况也是一样。例如：

“今天我和××（他也认识的你的女性朋友）去书店了，之后去吃了意大利面，然后两个人去唱了卡拉OK才回来的。累得不行了。”你是不是经常会发这样的短信？如果是，那么你的行动根本没有什么亮点，他也不会意识到什么。

即使是说同一件事，你也可以这么组织语言：

“今天和朋友去吃饭了。回来很晚，累死了。”

他会好奇地问：“哦，是吗？和谁？玩得那么开心啊！”

比起把事情和盘托出，不如留点疑问、留点悬念，这样更能激起他对你的好奇。

反过来想一下，你就会明白了。

如果他发短信告诉你，“我和朋友彻夜畅饮，太开心了。”你一定会坐立不安地猜测：谁？是新女友吗？虽说分手了，但还是会在意。他也是一样的。

为了先让他在意你，你应该留一些悬念给他。

接下来是最重要的，那就是，他的反应就是你的一面镜子。如果你对他没有心动，那么同样地，他也就不会有。如果你总是感觉紧张，那么他也会产生不必要的紧张感，因而觉得和你相处很累。

因此，如果你能放轻松一点，游刃有余地和他相处，他也会觉得轻松愉悦。

要想和他再一次相恋，你就需要把你的女士魅力当作武器。

第四章

推进复合的短信技巧

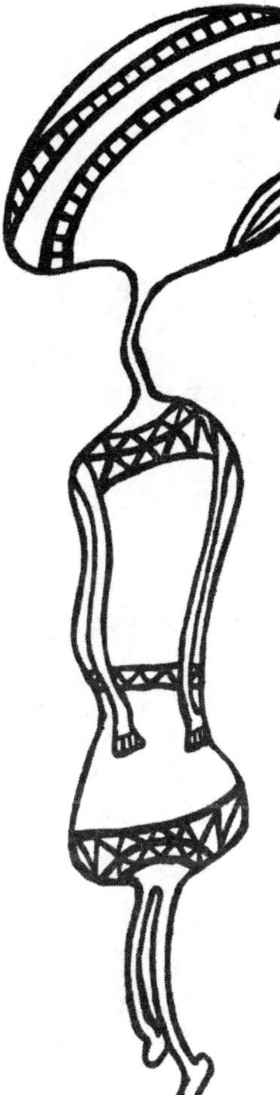

生活就是你无论是主角还是配角
都要去体验一把小丑时的憧憬。

——ZCC

一、什么是回复率高的短信

想让他对你再一次回头，你就要主动出击。这时最方便的工具就是，不会让你感到太大压力的短信。

短信交流中重要的一点是，先不能让他觉得你的短信有攻击性。要让他解除戒备心，“哦，原来她的目的似乎不是要缠着与我复合。”

为了达到这个效果，起初最好发一些无关痛痒的话题，比如聊聊你的近况什么的。

深情地表达你对他的思念，或者道歉、反省之类的沉重内容，绝对是不可取的。

如果他回复了你的短信，就延续这种气氛，轻松愉悦地继续往来。

然而，我的咨询者中有很多人都苦于他总也不回复短信。

有时他不回复短信并没有多大的理由，只是女士的多虑而已。但有时是因为短信的内容有问题，所以就需要注意这一点。要给他发容易回复的、自然而然就想回复的短信。

我们看看在现实中收到了短信回复的例子：

①前几天我去看×××（他喜欢的歌手）的演唱会了，顺便买了限量版的CD，你要听吗？

②最近还好吗？这个月的×××杂志上刊登了“新人如何应对职场”的专题报道。我们两人刚踏入社会，工作都很辛苦呢。看来双方都不容易啊。我看完后受益匪浅，你要不要也看看？

③你喜欢的×××的CD后天就要发售了，听说在×××有活动呢。

④你最近工作忙吗？我加薪啦。为了表示庆祝，我们去吃大餐了，就在你家附近，特别好吃。你知道×××饭店吗？

⑤好久不见啦！我记得你对足球很了解。我拿到了×××队的门票，你能告诉我几个踢得好的优秀选手吗？我会好好看比赛的！

⑥我最近刚买了台新电脑，但是还不太会使用。新电脑比之前的旧的还要重，这是为什么呢？

首先，短信内容要选取与工作、对方喜欢的艺人有关，或是电影、体育等对方感兴趣、会关心的话题。

其次，重点是提出简单的问题，避免需要时间思考的问题，最好是能直接用“YES”或“NO”回答的简单问题。

再次，就是气氛要轻松。如果发的是沉重话题的短信，他会认为回复是一件很头疼的事情。

如果能再像②③④那样，提供一些他不知道的有利的信息就更好了。

另外，建议结合女士的特点，发一些像⑤⑥那样需要依赖他的知识的短信。不管怎么说，男士都是喜欢被人依赖的。

但是有一点要注意：你依赖的是他的知识，而不是他本身。例如：

“我好像有点感冒了。可以告诉我你以前吃了挺管用的那个药叫什么名字吗？”

“我好像有点感冒了。你以前吃了挺管用的那个药可以给我点吗？”

前者依赖的是对方的知识，而后者则依赖的是对方本身。依赖对方帮忙时，请先仅限于对方的知识吧。

即便是短信的措辞用语，也要讲究方法和策略。

不要只是叙述当天发生的事，或者你的心情之类的，而要有效利用短信这一工具，花点心思，好好思考，想想如何才能拉近两人的距离。

二、并不是什么问题都可以提

在前一节里我提到，发短信的重点就是要提一些简单的问题。

但是有些人没有充分理解这一点，反而给对方提一些牵强的、不自然的问题。这一点需要特别注意。例如，以下的短信就是典型的例子。

“我在电视上看到×××了，他是不是和×××正在谈恋爱啊？”

电视节目本身就和他没有直接关系，再加上这又是男士不感兴趣的八卦消息。这种内容就没有必要特意告知他。

如果这种内容的短信他也会认真回复你，那就说明他是非常重视你的。

提问题的时候要注意，你抛给他的问题，需要给他一个理由。

如果是他既不感兴趣，又没有涉猎的领域的话题，他就会不知道该怎么回答，只能回答“不清楚”或“不知道”。

如果你提的问题是他知道的，除非他特别讨厌你，否则一般都会回复你的。比如，如果他的工作和汽车有关，那么你问他关于车辆修理或车辆保险的问题，他一定会回复你的。

和你们恋爱时的状况不同，此时发送的短信内容，需要你稍加斟酌。它的要点有以下两个：

问他这个问题的原因很明了；

和他有关系的话题。

如果你抓住了这两个要点，就会收到对方的短信回复了。

因为短信回复率低而苦恼的女士们，请审视一下自己，看看你有没有发送没用的问题，有没有说和他无关的话题。

如果没有问题要问，也想不到和他有关的话题，就不要牵强地给他发短信。

一心总想拉近和他的距离而不断地给他发短信，并不是一个明智之举。

三、回复晚了也不要太在意

有时候，即使短信内容没有问题，他也还是会不回复，或是过了很久才回复。

如果回复短信很慢，就要想想慢的原因了。如果你的短信内容是恰当的，那么他回复慢的原因可能是工作很忙或者忘记了吧。

如果他在很忙的情况下必须抽时间才能回复，那么你最好不要频繁给他发短信，免得使他感到有负担。最好是隔一段时间再发。

但如果他忘记了回复短信，那么说明他现在对你的关心不够。在这种状况下，如果你继续不断地提一些问题，他也不会更加关心你。

与其这么做，不如发一些让他看了以后不禁发笑的、有点幽默效果的内容。例如，你可以微笑着说："我是最近变成透明人的×××。"

此外，他在过了很久才回复的短信里，加了句道歉的话——"不好意思，回复晚了"，有些人会把他的这种歉意误以为是爱情，然后连珠炮似的不停地给他发短信，这是不对的。所以最好不要这么做。

当然，比起短信回复慢，回复快的话，说明他很关心你，你们复合成功也为期不远了。但是，就算回复得很慢，你也不必太过悲观。

在我接手的案例中，有位女士因为收不到短信回复而唉声叹气，结果只是因为对方弄丢了手机。后来也是很轻松地地重归于好了。还有的人是因为工作太忙，连发短信的力气都没有了，到了年末或下年初终于得空，重新恢复联系，最后也复合成功了。

因此，不要对短信回复花费时间的长短太过于敏感。比起时间间隔，更重要的是回复的内容。如果他主动说了自己的事，或者回应了你的话题，并问了你一些问题，那么你们离复合成功就不远了。

四、应该提他没回复短信的事吗

有时可能一直都没他的短信回音。如果你就此放弃，那么复合就无法实现了。

那么，一直收不到回复，你又想发第二条短信的时候，该怎么办呢？是要提没回复的事呢？还是只字不提，当作什么都没有发生呢？

答案是：提或不提都可以。如果要提，就要注意说话的方式。

如果他是个不拘小节的人，就没必要提了。就像什么事都没有发生一样，重新再给他发一条短信。

反之，如果他是个心思细腻的人，可能会意识到自己之前没有回复短信，那你就可以提一下，并告诉对方自己对这件事并没有太在意。

问题是怎么提这件事。我们看看以下两个例子：

状况A

“最近好吗？我周围的很多人都感冒了，你那边怎么样？你没事吧？之前在你很忙的时候，我还给你发了短信，真是不好意思。你一定是太忙了，没时间回我短信。我不想给你增加负担，你要是太忙就不要勉强回复，没关系的。

“前几天我见到×××（他也认识的朋友）了，他还问你怎么样呢。我说我也不知道，就没有回答他。你最近过得还好吗？”

在这条短信里，你不厌其烦地提了好几次他没回复短信的事。

也许他只是忙得没有时间回复，也许他正要给你回复短信呢。

你这样翻来覆去地说，会让他觉得很烦。

状况B

“最近好吗？看你没回短信，我只好再发一次啦（笑）。前几天我见到×××（他也认识的朋友）了，他还问你的近况怎么样呢。有空了你跟他联系一下吧，你们以前好像关系挺好的。你要注意身体哦！”

如果是这样的内容，你觉得会怎样呢？

对于他没有回复短信这件事，她表示得不是很在意，只是有意无意地提了一下。这样他下次有可能就会回复你了。

接下来再介绍一些效果不错的短信范例：

“喂，你一直没回复我短信，还好吗？哦，其实我都不知道我可不可以再给你发短信呢？”

“不断给你发短信，不好意思啊。因为我有点急事找你……”

“你好不容易回复短信了，怎么又马上不理我了呢？”

“不好意思，总是打扰你。实际上，我这次是有这样一件事……”

重点就是要若无其事，显得轻轻松松。请不要忘了这一点。

五、第二条短信最关键

你有没有过这样的经历呢？你发的第一条短信，他一般都回复，但经常都只是一个半回合的往来，即你→他→你。

如果有这种状况，那么问题出在了你的第二条短信上，而不是第一条。你得想想，是不是收到回复的短信之后，第二条短信就不假思索地随意写了发了呢？

这时，比起第一条短信，更重要的是第二条。

那么应该怎么办呢？让我们看一下典型的一个半回合式的短信交流的例子吧。

你的短信："我同事最近刚换了部门，好像挺不适应的。你半年前也经历了同样的过程，但是我印象中你融入得特别好。你是不是主动和周围的同事攀谈，或者做了一些其他的努力呢？"

他的回复："我不太记得了。"

你的短信："是吗？那时候你都找什么话题和同事聊天呢？"

（他没有回复）

你的短信："比如说，是工作，还是彼此的兴趣爱好呢？”

（他还是没有回复）

他已经说了“我不太记得了”，你还穷追不舍地继续追问。他肯定心里在想：“我不是都说了吗？怎么还一直问？”

这时，第二条短信你应该这样写：“是啊，聊天内容，要是我的话，估计也记不得了。不好意思，谢谢啦，下次再聊。”

或者就此换个话题，重新说个让他感兴趣的话题。比如：“哦，谢谢！对了，最近好多人都说我瘦了。你也说过你想减肥，不知道成果如何呢？”

仔细确认他的短信回复，然后根据内容发送下一条，这一点很重要。不要像上面的例子那样，更不要停留在他不感兴趣的话题上。

接下来要说的是另外一种类型：他虽然感兴趣，但是不知道是因为你太紧张了，还是你没有很好地把话题接下去。拿A女士的例子来做说明，她总是很苦恼：“经常都是以我的短信作结尾，他是不是不想回复我啊？”

A的短信：“你还好吗？最近身体状况怎么样？我还是一如既往地忙，每天下班回家都坐最后一班地铁。之前联系你时，你说身体不舒服，我挺担心你的。但愿你现在恢复健康了。”

他的回复：“谢谢你的关心，我现在已经完全康复了。当时真的是太累了，感冒引起了肺炎。医生还很生气地质问我怎么不早点来医院。我打了一段时间的点滴后，身体恢复得还挺快的。”

A的短信：“哦，那太好了。这么说你现在身体已经没有问题了。我也放心了。别太勉强自己了。”

之后，他的短信就中断了。

因为他觉得你在担心他，所以应该认真地向你汇报一下，就回复了你的短信。通过A的第二条短信，他也相信他的状况A已经很清楚了，在他看来这件事已经到此结束了。是A的短信内容，让他这样认为的。

她自己发了他没必要回复的短信，却认为没有回复就等于他不想理自己了。这样下结论是不对的。

如果你想让他继续回复，第二条短信就应该继续问他一些问题。比如，“哦，那太好了。还要去医院复查吗？”或者说一些能引起他共鸣的新话题。

和打电话不同，发短信的好处是可以让对方有思考的时间。

为了以后不让自己后悔而说，“如果当时要是这么说就好了。”你就要在第二条短信上也仔细斟酌。

六、容易让人烦躁的不合拍的短信

用短信交流时，有时会碰到令人厌烦的内容，即话不投机的回复。本来是想拉近两人之间的距离，结果却使得不欢而散。举例说明一下吧：

你的短信：“每天都好热啊！你还好吗？想问你一下，×××店是出了×××车站往右边走吗？”

他的回复：“不是，是左边。”

你的短信：“哦。对了，我前几天看了×××这部电影。本来很期待最后的结局，结果出乎意料地无聊。不值得花那么长时间看……（絮絮叨叨地继续电影的话题）”

的确，她的第一条短信是一个容易回答的问题，并且他也回答了。她却没有再提及关于这个问题的任何事情，就自顾自地说别的事情。这就属于话不投机。

下面也是此类型的例子。

你的短信：“这次打算和×××一起聚餐，可以的话把你的朋友也叫上，热热闹闹地喝喝怎么样？”

他的回复：“可以啊，如果是××号的话，我有时间呢。”

你的短信：“啊，真不巧，××号我不行（笑）。对了，你还去那家健身房吗？”

他的回复：“最近没去。”

你的短信：“哦。对了，我想去练瑜伽。”

虽然是一段轻松的对话，但是却没合上拍。难得他回复了，但却感觉你没有照顾到他的情绪。

另外，如果你真的想约对方，就要提前告诉对方你不合适的时间。否则，他回答你了，你又说不行，那么他还得问你，“那什么时候可以？”这就造成了一段浪费时间的对话，他也会渐渐厌烦起来。

此外，如果你只是单纯地重复他的回复内容，也会导致对话索然无味，难以进行下去了。

你的短信：“每天都好热啊！你还好吗？想问你一下，×××店是出了×××车站往右边走吗？”

他的回复：“不是，是左边。”

你的短信：“哦，原来是在左边啊。谢谢你，真是帮我大忙了。果然还是你记得清楚啊。”

你的第二条短信只是重复了他说的话来回复，并没有实际内容。偶尔这么说还好，但如果经常这样，他也会感到无趣。如果可以的话，最好在回复他的短信时，加上你的一些见解，让话题有所进展，或者让谈话热烈一些。

无论聊天还是短信，都像是接球游戏。如果你感觉谈话总是不投机，交流总是止步于第一回合，那么你就要重新审视一下自己的做法了。

七、下一步，分享彼此的烦恼

如果你总是觉得“闲聊可以，但总是无法深入地交谈”，或“短信往来的频率总是很低”，那么你就该进入下一阶段了。

如果不能从闲聊往前进展一步，他也会逐渐厌烦于和你交流。最初也许是出于礼貌，或者许久未联系觉得新鲜而回复你，但后来觉得你没完没了的短信都是毫无内容的话，就会觉得厌烦了（在这个阶段已经聊得热火朝天的情况除外）。后来，回复短信变得越来越慢，最后干脆没有回复了。

为了让他不会厌烦你，下一阶段你可以试着请求、拜托他帮忙一些事情。例如：

“如果你有×××的数据，能给我发一下吗？”

“我想了解一下×××的事，你好像挺熟悉的。能给我讲解一下吗？”

“你之前不是去过×××吗？不好意思，你能告诉我路怎么走吗？”

……

你找一些简单的事情让他帮忙，他也帮助你了。在这个过程中，两个人的关系会逐渐变得亲近。

然而，如果你经常麻烦他，他又会觉得很累。这时，就要进行下一步了。

下一步就是共享烦恼，倾听他的烦恼。

话虽如此，但要是突然问他，“你有什么烦恼吗？”他也不会回答你的吧。

为了引出他的烦心事，你可以先说说你的烦恼。比如：“我最近肩膀很疼。你之前也说过你的肩膀酸疼，怎么做才能减轻呢？”如果可以分享工作上的话题，或者工作上的烦恼也可以。

对于你说的烦恼，他会回复你，“我觉得×××方法比较有效”，“我是这么想的”，等等。不过，重要的是对于这个回复，你该如何应答。

有些人这么说：“是吗，很好的建议，谢谢啊”，“原来如此，你觉得是×××啊”。这些是草率结束谈话的例子。这样就白白浪费了良机。

难得两人能互诉烦恼，就要好好利用机会。

为了让谈话更热烈，就要抓住以下两个要点：

①明确表示赞同，即有同感；

②接着就此展开话题。

第①点尤其重要。对于你的烦恼，假如他回应道：“我也是……”这时你就要保持同一立场，明确表示非常理解。“嗯，我理解。你和我一样”，或者“原来这样的人不止我一个啊”。借此强调：你和我一样。有了共鸣，他一定也会很欣慰。

当他的心情变好之后，你可以再次将你们之间的谈话往前进一步延展。

在他回复“实际上我也是……”之后，你要紧接着对此提出问题：“那么，还是要做……的吧？”“在那种时候我会这么做，你呢？”……

对他的想法表示共鸣的同时提出问题，才能使得沟通有来有往。如果能在深层次的话题上达到共鸣，两个人的距离自然就会更近了。

八、回复最佳短信，迅速捕获他的心

前面讲了许多关于短信交流的注意事项。

用短信交流时最重要的一点，就是要“和他的想法产生共鸣”。如果他对你的短信进行了回复，你就要认真做出评论，同时表达你对他的理解。

接下来，在掌握了上述基本要点的基础上，我为大家介绍一下如何提高他的兴致，并能让他对你的印象加分的短信交流技巧。

例如，他在短信中发牢骚：

“现在的工作做着很没劲。每天都在漫无目的地工作。”

你会怎么回复呢？

有人会安慰说：“是吗？难为你了。但是你还是很努力的。”也有人会表示赞同：“那真是没意思呢。我的工作也一样。”

虽然说这两个答复都没有错，但都给人太过普通的印象。这么说也许能让他发泄一下情绪，但也只能止于此效果了。

那么，怎么样才算是既能调节他的心情，又能让他对你印象加分的最佳短信回复技巧呢？

那就是，“不管在什么情况下，都要赞美他。”

例如上面的例子，因为看似他只是发一下牢骚，没必要赞美他。但即使是这种情况，你也不妨赞美一下他。比如：

“是吗？你做那种工作真的是屈才了。”

“这样啊。但是在那种环境中你还能保持上进心，太了不起了！要是我的话，早都随波逐流了。”

“可能是因为你很有激情，周围的人跟不上你的节奏呢。”

……

在他满腹牢骚的时候，他会认为“自己不适合这里”，“这个工作很无聊”。你需要体谅他的这种心情（表达共鸣），并赞美他（表示理解）。

没有人不喜欢被赞美。他的自豪感油然而生，并且对理解他、能和他有共鸣的你，也会抱有好感。

这样，他就会觉得向你倾诉是对的，下次也愿意找你聊天。

无论在何种情况下都要赞美对方。一旦掌握了这种技巧，你给他的印象就会立刻加分。

而且对你的印象一定会比分手前还要好。

第五章

距离复合只有一步之遥

自卑的人总喜欢把自己隐藏
在地板破的斑驳之中。
— ZCC

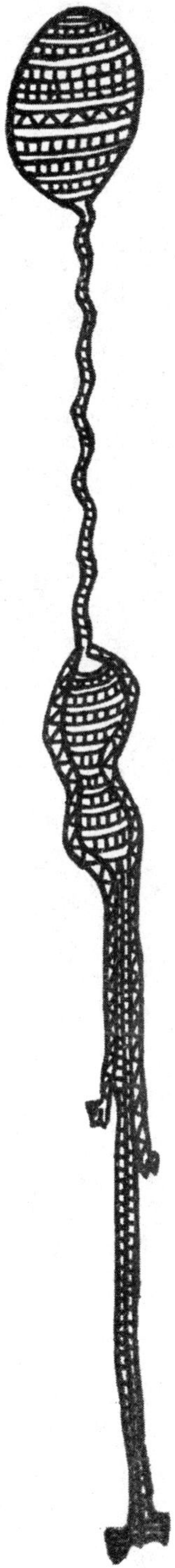

一、发挥“洞察力”，不错失良机

现在，终于进入到复合的冲刺阶段了。

为了在最后阶段将复合再往前推进一步，最重要的就是搞清楚他现在的心理状态以及如何把握时机。但是，要想知晓他的想法和现状，仅仅依靠言语这种媒介是远远不够的。

这时候需要的就是你的“洞察力”。即使对方不说什么，你也要通过观察他的举止，隐约察觉到他现在的想法和状态。

以下是我遇到的一个案例：

“我和他偶遇了，也互相问候了一下。本来想和他喝杯茶叙叙旧的，但害怕他不愿意，最后就那样互相道别了。”

我当时就想，“当时我只要主动邀请他不就行了吗？”

经过询问，我才得知对方刚买完东西，也不是很赶时间的样子，两个人就那样站着聊了五分钟。由此可知，对方只是打算要回家了，其实也没有什么急事。如果当时主动邀请一下，对方答应的可能还是很大的。

还有另外一个案例，女方主动邀请说：“下次有机会一起吃饭吧。”对方也回答：“我星期天有空。”

可以看出，男方对见面还是比较积极响应的。因为他很具体地考虑了她提出的建议。如果你理解为“他仅仅是答应了我的一次邀约”，那么复合就很难进展下去了。这时你应该意识到：其实你可以再主动一点。

如果能通过这些细枝末节揣测到他的心意，你就不会错失良机，并且可以不断地拉近彼此之间的距离。

如果你缺乏洞察力，就很可能错失了绝佳机会。

观察对方是一件非常重要的事。好好锻炼一下自己的洞察力吧。

二、套出他的真心话的“提问能力”

当他问你问题时，或者诉说重要事情的时候，有时你会满脑子都是“我得回答机灵一点才行！”和“该怎么回答才能离复合更进一步呢？”的想法，结果反而导致自己一时间不知该如何回答是好。

例如，如果他问你：“你还喜欢我吗？”你该怎么回答才好呢？究竟该回答“我对你已经没有那种感觉了”，还是该说“我和你是朋友间的那种喜欢”，还是坦诚地承认说“嗯，我还是很喜欢你”呢？

不管是哪个回答，事后你都会担心和苦恼，“我那么回答到底好不好啊？”但是，就算你担心，也还是不知道哪种回答才是正确的。

这时，你不如换个角度想一想，他为什么会这么问你呢？

是因为你恋恋不舍的心思太过明显，他想终结你的幻想？还是他也对你还念念不忘，想知道有没有复合的可能呢？

倘若是前者，你就要回答：“不，我对你已经没那种感觉了。”这样他才能很自然地和你相处。若是后者，万一你回答“没感觉了”，就算他原本有想和你复合的念头，听你这么一说，他可能也会打消了这个念头。你也不希望变成这样吧？

因此在回答这种问题的时候，先想想对方为何会问自己这种问题，对方的本意是什么，应该就能给出当时那个场景中恰当的答案。

此时，最为关键的是“提问能力”。

我们都认为当有人提问时，我们必须回答。然而实际上，并非一定要回答。那是因为，如果你反问他，确认他内心的想法，他自然会知道你的答案。

例如，他问：“你觉得是A吗？”你可以这样反问他：“那你觉得是A吗？”认为应该有问就有答的他，就会说：“嗯，我觉得是A。”这时你再回答：“我也觉得是A。”

两个人的意见一致了，他就会和你有一样的感受，并产生共鸣了。

如果你想在复合之路的转折点尽量避免失败，就要提高自己提问的能力。

不知道就不要随便回答。不要胆怯，直接问他。做到了这一点，会让你在复合路上更加有优势。

那么，怎样才能提高提问能力呢？事实上，你只要在坦诚地说出你内心的答案之前，问问他提这个问题的意图就行了。

例如，你们分手后还是朋友关系，也经常有联系。他突然对你说：“在这种状态下，我们还过于频繁地联系，是不是不太好啊？”你会不会立刻慌乱地回复：“对不起，以后我会注意的。”

也许他是有其他什么想法呢？比如他的意思是，“现在这种状态下频繁联系不太好，所以我们应该恢复以前的关系。”

如果你轻易地做出了妥协，他的真实想法就无从了解了。以后你会介怀很久：“他那句话到底是什么意思呢？”

因此，在他问你时，你只要反问他：“为什么这么问呢？”

假如他问到本节开头的那个问题：你还喜欢我吗？你可以反问他，“嗯……你呢？”或“嗯？为什么这么问？”

如果他很害羞地说：“没什么，就是很想知道而已。”你就可以给他一个灿烂的笑容，说：“其实，我也想知道。”你们很有可能就重归于好了。

相反地，如果他说：“我不想让你误会……”你就可以笑着说，“哈哈，不好意思，让你担心了。我现在已经对你没有感觉了。”他听了之后，也就可以松一口气了。

不知道他为什么问你时，最好的做法就是直接干脆地反问他。

坦诚并不是一件坏事，这一点，请不要误会了。

如果你知道了他的问题背后的用意，你才能给出对自己有利的回答。

给他一个他想得到的回答后，今后的复合进展才会顺利。

在关键时刻，先别老老实实地回答他的问题，而要在了解了他的真实意图之后，再慎重地回答。

记住这一点，在各种场合对你都会有帮助。

吗？”

三、非“YES”即“NO”，二选一会阻碍复合

前一节讲了如何回答他的问题，这一节讲讲你向他提问的状况。

随着复合计划的推进，希望得到他答案的情况也会渐渐增多，例如，“我们见面吧？”“要不要一起出去玩？”“我们重新开始吧？”

这时，你是不是总想得到他“YES”的回答呢？

大多数女士都有摧毁对方所有说“NO”的理由，让对方不得不回答“YES”的倾向。比如以下这样：

你：“下个周日，我们一起吃饭吧？”

他：“嗯。但我不能确定。”

你：“你有什么事吗？”

他：“倒也不是什么急事。”

你：“那就去吧。”

他：“嗯……”

你：“怎么了？反正你又没什么事情，不是可以去吗？”

他：“嗯，是没事。”

你：“那就这么定了！”

迫于无奈，不得不说出“OK”的他，其实心里会不太高兴，也会觉得你很烦人。

即使你得到了肯定的答复，也是起不了什么积极的作用。

在这种情况下的秘诀就是等待。

不是什么都不做地等，而是在掌握了两个要点的前提下的等待。

①把决定权交给他；

②让他知道他会有所收获。

我们还是说说刚才那个例子吧。

你：“下个周日，我们一起吃饭吧？”

他：“嗯。但我不能确定。”

你：“我发现了一家很好吃的餐厅。可以在你有空的时候去。”（①）

他：“嗯，我也没什么事。”

你：“那等快到周日的时候，你再考虑一下。”（①）

他：“好的，知道了。”

你：“我之前和朋友去过，那家餐厅的土鸡特别好吃。”（②）

他：“哦，这样子啊。”

在这段对话里，女方并没有好多遍地给对方施加压力，而是说“可以在你有空的时候去”，“快到周日的时候，你再考虑一下”，将决定权交给了他。

这么做也是需要勇气的，没有自信很难做到。

反过来说，他也会看到你的自信。与其乱了方寸，死缠烂打地约请他，不如从容又自信满满地邀约他，他给你“OK”的可能会更大。

另外，不能漫无目的地约，而是要通过附加一些有用的信息，比如“那家餐厅的土鸡特别好吃”，给他一种“去了他不会后悔”的印象。他想去的意愿也会变得强烈。

比起“你现在必须给我一个明确的答复”，不如退一步，爽快地把决定权交给他，更能得到好的结果。

不由自主地想催促对方立刻给一个明确答案的女士，请你鼓起勇气，把决定权交给他吧。

四、自然地赞美，讨好地赞美

我经常建议大家赞美对方，表扬对方。

但并不是让大家一味地赞美或表扬对方。刻意地赞美，会给人留下虚情假意的印象。这一点要注意。

给人留下虚情假意印象的，都有一个共同特点。那就是，“在第一条短信中就根据自己的想象赞美他”。例如：

“最近还好吗？在努力工作吗？你一定每天都非常努力。我到现在才发现你真的很厉害。”

这种短信会给人一种套近乎的感觉。这就是所谓的“根据自己的想象赞美他”。

你一边问他“在努力工作吗”，一边却自问自答地说“你一定每天都非常努力”。然后根据自己给出的答案夸奖他。在他看来，你是在唱独角戏。因此，觉得你在借故接近他。

如果你突然发了一条“你是一个勤奋的人”的短信，他一定会想，“说得好像你多了解我一样。”让对方觉得你很了解他，很清楚他的为人。这会让对方觉得莫名其妙。

前面我已经讲过，语言的有来有往很重要。如果要赞美他，就要给自己制定一个原则，即对他的反应、他的回复做出赞美。如果你赞美了他的回应，他也会很开心地接受。

再比如，第一条短信先给他发的是无关紧要的内容，随便什么话题都可以。

你："你还好吗？最近天气好热啊，我家里很潮湿闷热，笔记本电脑会不会坏啊？"

他："我挺好的。电脑很怕热。你可以把它放在通风的地方，或者用的时候开着空调。"

你："谢谢你！这样啊，果然还是你了解啊！我会听你的建议，用的时候小心点的。你说用个小风扇管不管用啊？"

像这样对他做出的反应再给予赞美，就不会显得不自然了。

安慰他的辛苦时，情况也一样。

你："前几天我去×××了。真是个好地方。你下次也可以去看看。最近有好好休息吗？"

他："休假时间很短。我也想去×××，下次有时间了就去看看。"

你："哦，是吗？别太勉强自己了。你太勤奋了，我总担心你太过劳累了。有时间的话去×××挺不错的。回来告诉我你的感受啊。"

这样说就能够在自然的对话中，表达出你想关心和安慰他的心情了。

有些女士关心对方时，显得很不自然，赞美就会显得很做作了。这些女士一定要掌握一个要点：不能随意给对方下结论，要针对他的反应再表示赞美。请谨记这一点。

五、让“我喜欢你”听起来不像心里话的方法

为了不让他产生戒备心，有一个原则就是，最初要以“朋友”的身份接近他。千万不能让他察觉到你想要复合的想法。

但是，掩藏内心是一件很难的事。明明知道不能让他知道你对他念念不忘，但真心话总是哽在咽喉，差点就会蹦出来。

不过，你知道吗？这时你若无其事地把它当成开玩笑的话讲出来，它听起来就不像真心话了。

请你试着想象一下。如果你想要复合的前男友笑着对你说：“实际上我可能还是挺喜欢你的。”你会有什么感想呢？你一定是一半欢喜、一半怀疑地想，他是在开玩笑吧？

与其拼命隐藏自己的内心想法，不如假装开玩笑地说出来，他反而不会放在心上。

这种方法也可以用于打探他有没有新女朋友。

你一定很好奇，他是不是有新女朋友了，她是什么样的人，两人相处得如何，等等。但是很多人都认为这种恋爱的话题是禁忌，因而尽量避免谈及。

但实际上，你可以试着问问他。半开玩笑地、若无其事地说：“你已经有新女朋友了吧？”他可能也会笑着告诉你真相：“其实啊……”

因为如果你用这种轻松、玩笑式的语调说话，即使触及了核心问题，他也会觉得，“哦，原来她并没有很在意。”你问得轻松，他回答得也会轻松。

反之，如果你很忐忑不安，把气氛弄得很凝重，然后问：“你不会已经有新女朋友了吧？”他也会很苦恼，不得不认真地思考，怎么样回答才能把对你的伤害降到最低。最后使得气氛越来越沉重。

只要不是攻击他的内容，最好还是轻松地问，这样双方都不会难受。不要把它想得太难了，试探着问也是一种方法和技巧。

接下来，我介绍一下运用这种方式来试探他的内心的方法。

假设你们终于有了见面聊天的机会。你们两个人可能都有点尴尬，不能像以前那样畅谈了。这时，如果连你也一起迷惑，不知道该怎么办，也不知道聊什么话题有趣，然后带着僵硬的笑容面对他，那么气氛只会越来越凝重。

这时你不妨鼓起勇气，干脆跟他开玩笑：“啊，气氛好严肃啊！你是不是觉得有点尴尬啊？”想必他也会笑着说：“是啊，是有点。”

他说出了自己的心声后，心里会轻松很多。接下来的谈话也就会顺畅许多。

复合行动进行到一定阶段后，就不用用尽心思把自己的真心话隐藏到底了。

你可以大大方方地以玩笑话的形式说出来，这样你们两个人都会一身轻松，形成一个良性循环。

六、“试着复合吧”的效果

对于“让真心话听着不像真心话的方法”，我向大家介绍一种我经常使用的比较有用的方法——试探促成技巧。实际上，我也曾建议我的咨询者使用过，效果都还不错。

你有勇气对你想要复合的前男友说出“我们复合吧”吗？

一听到这个问题，就有很多人表示否定。“能是能，但是说了可能也复合不了”，“没有提出复合的氛围”，“不说比较好吧”……

其实，有时候你试着说出来了，没准还能试探到他的真实想法呢。

当然，如果你表情僵硬地提出“我们复合吧”，如果是完全没有复合意愿的他，一定会退避三舍的。好不容易亲近了一点，这样一来又疏远了。

像我之前讲过的，你要是半开玩笑地问他，说不定就能窥见他的内心。例如：

“如果我说我还喜欢你，你会怎么办？”

“如果我说我想见你，你会来见我吗？”

重点在于要开玩笑地说。

如果他不想复合，可能就会说：“不，我对你已经没有感觉了。”你本来也是半开玩笑地，这时你只要笑着说一句：“嗯，我觉得你也是。我开玩笑的啦！”这样就算是过去了，而不会让双方觉得尴尬。

反之，如果他问：“真的吗？你还喜欢我？”你可以再打个岔说：“你觉得呢？随你想象了。”如果他没有表现出反感，你就可以鼓起勇气表达你想复合的意愿。没准你们重归于好的那一天比预期来得还早呢。

如果你很严肃地问他这个问题，不仅会使现场气氛尴尬，而且他拒绝你之后又会觉得：她挺可怜的，我不能让她抱有希望，还是保持点距离吧。

这就是所谓的“试探促成技巧”。

促成是指促使对方对自己的提议做出决断。试探促成，就是在对方做出决定之际，可以先稍微催促一下，试探一下对方的态度，然后根据对方的反应相应地调整自己的计划。

在我接手的案例里，大多数人都有一个相同的问题，那就是不了解对方的想法。

尽管曾经互相十分了解的人，分手后却不再能猜透对方的心思了。

这时很重要的一件事，就需要你试探地出一拳，试探一下对方的想法。

如果这时你想知道你们能不能更加亲密一点，他对你有什么看法，那就试探着问一下吧。你可以试着问：

“如果我说我想见你，你会怎么办？”“如果我说我们复合吧，你会怎么办？”请注意一点，你要若无其事地问他。

也不要把气氛搞得很僵。不然，你们的复合就真的要宣告结束了。

试探促成技巧，还是很有效的。

七、以“OK”为前提的提议

常常有这样的情况发生：本来两个人之间的气氛已经逐渐融洽起来了，但是由于你不小心的一个举止，导致复合功亏一篑。

例如，你想约他时，他的回复显得兴致不高。

你很快就觉得他肯定是不想去，于是立刻退缩：“你有事就算了，我只是说你有空的话。”他本来并没有不想去，你却说“算了”，他也只能说：“哦，那下次吧。”这样一来，复合就很难在近期有进展了。

同理，你发短信问他：“我能给你打个电话吗？”他却没有回复你。

你变得很不安，觉得他肯定不想接你的电话。别说打电话了，你连短信都不敢发了。他即使看到了你的未接来电，但后来你也没有再发短信，他也就想着还是算了。这件事就这么过去了。

如果你有心理准备，不妨拿出“勇气”来吧。

我还是拿刚才的例子来说。如果你约了他，而他的反应并不明朗。你就可以试着直接说：“那我们是去吃日本料理呢，还是意大利餐呢？”你不要总在担心他是不是不想去，而要拿出一点点气势来，勇敢地往前迈进一步。

接下来，就不是讨论“去不去”的问题了，而是以“确定会去”为前提，然后再深入讨论是去吃日本料理还是意大利餐。

同样地，与其问：“我能给你打个电话吗？”不如说：“我××点想给你打电话，如果你不方便的话可以告诉我。”那么他至少会告诉你是不是方便。即使没有回复你，你也已经说过“不方便的话可以告诉我”了，那么没有回复就可以和“OK”画等号了。

也就是说，这件事也是以你“打电话”为前提继续往前发展的。

有许多人一心想着复合，“不想被他讨厌”的想法太过强烈，就会不由自主地总想退缩。这样的女士首先给自己设定的前提就是，我会被拒绝。

当然了，被拒绝的情况肯定是有的。刚刚举的例子，也不见得都能得到“OK”的答复。

但是，如果你的言行中总给人一种“请你拒绝我吧”的感觉，本来有希望的复合也会彻底没希望了。很多人都会后悔，如果我当时再坚持一下，也许结果会不一样，就能成功了。

也许你说的话稍显牵强，但如果你若无其事地问问他，也许他并不会太在意的。

上述方法是针对和他相处还算融洽，但想再往前迈进一步的人的。但如果是和他完全没有联系，他很讨厌你，就不要采取这种方法了。

走到这一阶段后，就要以得到“OK”为前提来展开你们的联系。

你一定会感到非常惊奇：没想到得到对方“OK”的答复原来这么简单和容易啊！

八、给他和新女友的感情泼冷水的一句话

也许有些女士的前男友，此刻已经有了新女友。

这些女士虽然在心里否定他的新女友，但又不能责怪他什么，整天闷闷不乐，内心越来越痛苦。

当他和新女友相处融洽，看似无机可乘时，就要稍微忍耐一段时间。

无论表面上看起来多么顺利的恋爱，也都会有感到不安的某一瞬间。

如果你能捕捉到那一瞬间，在恰到好处的时机，把某一句话传达给他，使他对新女友的感情很可能会突然动摇。而且，这句话也不会损害你的形象。

这句话就是，“咦，她真的把你看得很重要吗？”

例如：

他：“我虽然和她联系不太多，但是见面时还是很开心的。”

你：“如果是那样的话，你觉得她真的把你看得很重要吗？”

他：“她不喜欢做饭，我们一般都在外面吃。”

你：“如果是那样的话，你觉得她真的把你看得很

重要吗？”

重点就是要以“……吗”的疑问句的形式。但千万不能断言她没有把他看得很重要。他虽然不明说，但心里已经对他和现任女友之间的关系感觉到了一丝不安。如果这时你直接断然说，“她没有把你看得很重要。”他就会有抵触心理，否认你所说的话。

另外，在提出“她真的把你看得很重要吗”的疑问句之后，你再否定一下自己的推测：“你不会不重要的，你们看起来相处得很融洽。不好意思啊！”这样会使他越来越感到不安。

这就相当于他已经从你的角度来看他的现任女友了。他内心的隐隐约约的不安，会逐渐转变为明确的不满，认为她真的没有把自己当作重要的人来重视。

你不需要做什么，只需要投石激浪，接下来静观其变就可以了。

不过，投石激浪不是一开始就可以的。如果不经过之前的过程铺垫，这么说就只会让人讨厌你。你得等到你们相处融洽了，他愿意给你讲新女友的事情之后了，再这么做这么说。

有人看了上述内容，担心这么说对方会生气。如果你有这种担心了，可以先说一些让他高兴的话，然后再委婉地告诉他：“如果是我的话，我就会这么觉得……”

“这样啊，既然如此，你们……所以肯定没问题的。但是如果是我的话，我可能会觉得不够受重视而没有安全感。看来我还是修行不够啊。”

不管怎样，如果他已经有了新的女朋友，只要他的心不从她的身上移开，就不会对你回心转意的。因此，你需要动摇他对现任女友的感情，并且让他意识到，原来还是你对他最好。守株待兔肯定是不行的，但贸然行动也不行。

希望你能一边保持这种平衡，一边将他的目光吸引过来。

九、别错失复合的机会

要想顺利复合，抓住时机也很重要。之所以提这一点，是因为错失了机会，或者压根意识不到机会曾经降临过的人不在少数。

比如，前几天我接到的咨询就是这样的。

“前男友为了工作中的不满向我发牢骚。我想让他提起精神来，就一个劲儿地鼓励他，但他还是不开心。我应该怎么安慰他呢？”

我非常理解她的心情。她一定很努力地想为安慰他做点什么吧。

然而遗憾的是，她已经错失了一个好机会。你发现了吗？

首先，他既然会向她抱怨工作中的不愉快，说明他并不讨厌她，认为他们互相之间很知心。

我认为在这种时候，他需要的是有人能认真倾听他说话。如果他只是想寻求安慰，那么在她安慰他之后，他就应该满足了，然后表现出感谢她的态度。但实际上，她鼓励他之后，他还是没有开心起来。

这时，她最好引导他更多地向她倾诉，比如说：

“哦，是吗，你很辛苦啊，然后呢？”这样他就会把平日积攒的不满，一股脑地发泄出来。如此一来，她更能了解他的状况，他也觉得跟她说说烦心事挺好的。

他其实在当时就给了她一个讯号：你可以再往前迈进一步。

不要做自己认为对他比较好的事，而要做他希望你做的事。希望你不要错过他发出的“前进”讯息，抓住机会，一路高歌地走向复合吧。

十、提出复合的时机

前面介绍了很多让分手后还是很喜欢的前男友对你回头的方法，以及重新喜欢上你的方法。想必你的努力终于有了回报，和他的距离也越来越近了。

到了这一阶段，有时不需开口明确提出复合，事实上已经重归于好了。

前几天，我接到了这样一个咨询案例。

我最近每天都能收到他的电话和短信。打电话时，我们聊得很投机，总是不知不觉就聊了很久。最后他都会说一句："和你聊天很开心，下次再聊哦。"挂电话时，我也感觉有点舍不得。

但是，他也没有什么重要的事。我一门心思地想好好和他聊聊，他总是说"好困啊"。可是当我说"那你睡吧"，他又说"再聊会吧"。我真是不太了解他的想法了。

她在为了"不太了解他的想法"而苦恼，但我看到的却是恋人之间的互动对话。有些人其实已经复合了，但因为对方没有表白，就认为这不算是在交往。

我觉得这时语言是多余的。只要互相喜欢，不就可以了吗？喜欢他，并能感受到他的爱意。这就足以判断和确定两人的关系了。

但是也有很多人希望能得到语言上的确认，想问问他的想法。那你就干脆主动问一下好了。

“我已经算是你的女朋友了吗？”

“我们这样子是在谈恋爱了吗？”

那么什么时候算是确认了呢？那就是他的行为符合以下几点：

他也会经常主动联系你；

不抵触与你见面；

经常询问你的情况；

和你聊私事，也聊工作；

常常和你开玩笑；

现在他没有女朋友，或是和女朋友相处不融洽。

如果以上六点几乎全部符合，那么你就没什么担心的了。你们两人的关系已经有了很大的改善。

即使他给你的回答是“NO”，你也不需要从头开始了。他绝对不是讨厌你，而是有一些其他的理由，比如，“需要一点时间”，“这段时间很忙”，等等。

有了传达复合意愿的机会，就要相信自己的直觉，鼓起勇气向他表达。

一定没问题的，要相信自己，拿出自信来。

第六章

因人而异的复合方法

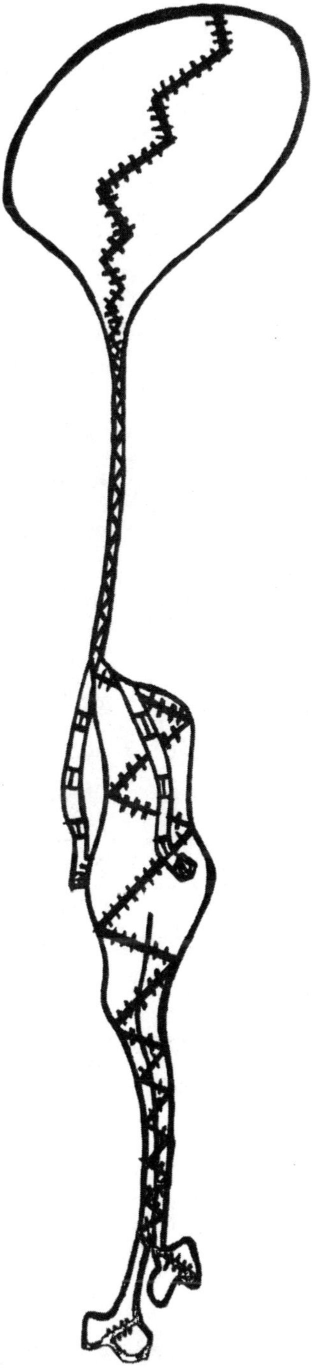

刀疤将你从头至脚缝了个精密，
你的表情可以没有，
但你的思想仍然存在。
枯竭的人生将你狠狠捆住，
龙卷风即将到来，
蛋人般不会流连的影子。
—ZCC

一、性格不同，复合方法也不同

本章将按照男士的不同性格，以及不同的分手原因，穿插一些实际案例，针对复合情形进行具体描述。

首先是根据男士的性格而采取的复合方法。我把男士的性格大致分为三类：父亲型、爱撒娇型和大男子主义型。

你的前男友属于哪种类型呢？可能很难绝对划分。你可以看看他的哪种特质最为明显。

①父亲型

分手的主要原因：他说“我不能跟你结婚”，“我不能给你安全感”。

特征：非常会照顾人，会给你很多建议。

优点：懂得包容，沉稳，听话。

缺点：爱讲大道理，不愿妥协。

和这种类型的男友分手时，两人多半已经提到了结婚的话题。但由于你太依赖他的关心，导致他主动提出了分手。

如果想和这种类型的人复合，你就要在社会上能够自立，成为一个有主见的女士。如果他给了你某些建议，你要向他表示感谢。

这种类型的人基本上比较强硬且冷静，所以不能联系得太过频繁，要有间隔时间。

②爱撒娇型

分手的主要原因：他已对你的任性感到疲惫了。

特征：对你很好，但有些反复无常。

优点：为你尽心尽力，和他在一起很轻松。他也很可爱。

缺点：自尊心莫名其妙地强。他不会表现出软弱的一面。

这种类型的人大多能激发女士的母性本能。一般来说，分手都是因为他喜欢上了别人。或者因为你确信他会对你好而太任性，最终导致了分手。

这种男士一般很健谈，首先要认真倾听他的话语，然后赞美他或者对他的意见表示赞同。

他的自尊心非常强，如果你不小心嘲笑他，他就会因此受伤，受到挫折。因为踩到这个地雷而分手的案例也很多。你多多地奉承他，他会比较开心。

③大男子主义型

分手的主要原因：对不善言辞的他，你觉得没有安全感，责怪了他。

特征：会主动带领你往前走。没有表现出来的那么自信。

优点：值得信赖。有了矛盾能很快地解决，不会不耐烦。

缺点：需要你不断地配合他。对自己的事往往置之不理。

这种类型的人一般都很有男子汉气概，并且一般都有点性格倔强，心口不一。

复合时最让你困惑的是，你会被他倔强的言行弄得晕头转向。为了避免这种情况发生，他说的话你不要全放在心上，留一点一笑而过的余地。

你请他帮忙时，他最先说的话很可能是“啊，这么麻烦啊”。不过，你就认为这是他答应你的一种方式就行了。其实，他的意思是说，虽然很麻烦，但是我愿意帮你。

因此，这时别后退，展现出你十分依赖他的姿态，他其实心里是很高兴的呢。

二、如果他非常忙碌的情况

经常有人咨询我，她想和前男友复合，但他很忙，不好联系他。

之前他只是把忙碌当作避免联系的挡箭牌，但最近他好像真的特别忙，根本没有时间谈恋爱。

这种情况也是有的。

这个时候你还冥思苦想他怎么才肯回心转意，那是徒劳的。因为他现在实在没有时间谈恋爱。

但也不能说复合没有希望了。

如果他真的忙得没时间谈恋爱，那么一开始也就不会和你交往了。

他给出“不能再继续交往”这一结论，除了“太忙了，顾及不到你”之外，一定还有别的原因。

有可能是因为他那么忙，你却不体谅他，或者你总是怀疑他对你的感情，或者由于工作太忙了而渐渐疏远，两人没有谈恋爱时的感觉了，恋情就自然消亡了，等等。

这种情况下，他很可能对谈恋爱感到厌烦了。通过这段失败的恋爱，他觉得他现在不适合谈恋爱。他不是原本就对恋爱不感兴趣，而是厌倦了，不想继续了。

他并不是讨厌你，也不是因为这个对象是你而不想交往了。

他只是在和你交往的过程中，对谈恋爱这件事感到疲惫了。

这种时候，你们不适合急着复合。

因为他已经觉得累了。如果他意识到你想和他谈恋爱，会刻意与你保持距离。他并不是讨厌你，而是怕不能回应你的期待，不想再次伤害你。

那么，要先从治愈身心俱疲的他开始。

他在和你交往的过程中，如果觉得舒适和安心，慢慢地就会觉得恋爱其实并不会让人疲惫，而是会治愈人的心灵，释放人的压力。

如果你和他见面时总是精神百倍，打扮得很时尚，在高级餐厅吃饭……总是设计一些只有电视剧中才会出现的约会场景。他的心会得不到休息，不仅不会惬意，反而会觉得很疲倦。

其实你可以把心思放在平时忽略了的地方。比如，适当打扮一下就好，在素颜上下点功夫，而不是花费心思化妆，吃饭的话选一个环境轻松的店，等等。

你自己的状态也很重要。活泼开朗一点是好的，但太过激动兴奋的话，他会觉得很疲倦。要多保持微笑，安静地倾听他说话。

如果他真的很忙，和他见一面很难，就不要勉强见面。不管他会不会回复，你都可以给他发一些比较放松心情的短信。

要逐渐改变他对你的印象，由分手时的“和你在一起很累”改变为“和你在一起很放松”。做到这一点并不困难。你不要着急，从容地与他相处就可以了。

本来越忙的时候，和恋人在一起应该觉得越安心，但因为他从你身上得不到这种放松的感受，所以选择了分手。他认为是因为你的存在他才这么累。

可能改变自己没那么容易，但是如果你能让他感到平和与舒适，你就会很有优势。

先从创造轻松愉悦的氛围开始吧。能做到这一点，你就已经向复合靠近了一步。

三、分手后还保持亲密关系的情况

有很多人分手后还保持亲密关系，或者某个偶然的机会发生了亲密关系，但除此之外没有更多的交集。他们只是需要的时候才在一起。

实际上，在这种情况下，想要复合并不难。因为他并不是因为讨厌你才分手的，也没有逃避你，所以容易取得联系。

这种复合案例的关键，就在于你能不能隐藏住自己“会不会没进展了”和“也许哪天他就彻底抛弃我了”的担心，并且能不能努力使自己成为一个他不会再次放手的女士。

我用具体案例来说明。

Y女士（32岁）的案例

Y女士相恋两年的前男友因为喜欢上了别人，所以向她提出了分手。分手后，Y女士为了忘记他，所以一直没有联系，并且为了开始一段新的恋情，她也和别的男士约会过。

但是，三个月后的某一天，前男友突然给她打电话，约她一起出去玩。Y女士喜出望外，手不停地在颤抖，觉得还是前男友最好。

在见面之后的交谈中，Y女士得知他已经有了新的女朋友，但是正在考虑分手。

Y女士和前男友发生了亲密关系。但是当她提出复合后，他的回答却是“NO”。

他说：“我现在不想谈女朋友。如果可以的话，我以后还想约你出来玩。”

Y女士虽然很讨厌这种关系，但是担心拒绝后就永远不能和他见面了，所以还是答应了。

然后，Y女士仍然想成为前男友真正的女朋友，所以来向我咨询。

听了她的描述，我感觉她的前男友是一个自尊心很强的人。

对于这种人，拒绝发生亲密关系绝对是不行的。因此，最好不要给他创造那样的气氛，见面时不要去对方的房间或是宾馆，也不要坐他的车。

此外，我还建议她如果真到了必须发生亲密关系的那一步，就表现得热情一些。为了让他高兴，你要表现出乐于接受的样子。

通过这些努力，他的态度发生了很有趣的变化。

首先，他忍不住想发生亲密关系，于是在冲动之下故意创造了那样的机会。这件事情发生时，Y女士又表现得很热情，使他的内心得到了很大的满足。

反复几次之后，他不想再放弃Y女士了。他们不仅能轻松地见面，而且很享受在一起的过程。对他而言，这种关系变得越来越有吸引力了。

之后，我建议Y女士在和他约会时极力赞美他。并且支持他的意见，与他保持同一立场。

由于他很害怕寂寞，对女士没有安全感，所以我建议她直接地表达出自己对他的好感。例如："你真帅"，"我还是很喜欢你"……

如果他知道Y女士不能满足自己，可能会去找下一个对象。但是如果平时经常用语言表达出对他的好感，他就会觉得Y女士很爱他，他也可以放心地喜欢她了。

Y女士花了很长时间重复做这些事情，后来她和他见面的频率逐渐变高了。

再后来，前男友就回到了Y女士的身边。

这种藕断丝连的关系，也不一定都是痛苦的。那说明即使分手了他还是离不开你，他的心还在你身上，或者还是很需要你。

你离复合之路已经不远了。如果你能敏锐地捕捉到他的心思，努力让他重新爱上你，那你们一定会复合成功的。

四、他想谈很多场恋爱的情况

如果是由于某些明确的理由而分手，那么还有可能改善关系并促进复合，也知道应该采取哪种方法。但是，有些人没有觉得他很讨厌自己，就莫名其妙地分手了。他并没有喜欢上别人，也不想躲避她，不知道到底在想什么。

二十多岁的咨询者身上，这种情况较为常见。他并不是讨厌你，只是想认识更多的异性，谈更多场的恋爱，所以才提出了分手。

这种情况下，你最好想想他到底想要什么。

首先，我想他追求的可能是以下的某一种：

①体验恋爱时心动的感觉；

②增加恋爱经验；

③不想负责任，想轻松地谈一场恋爱。

你的前男友属于哪一种呢？我们按顺序看看吧。

①体验恋爱时心动的感觉

这种情况的分手多是因为没有激情了。

每次约会都是一样的，连说的话也是一样的。你自己恐怕也因为太熟悉他而没有了心动的感觉。他想谈一场“刺激的恋爱”也是无可奈何的。

因此，如果你能给他带来新鲜感，他被你吸引过来的可能就比较大。

②增加恋爱经验

这种人的周围，一般都有女人缘很好的，或者把爱情当游戏的朋友。他受到刺激，“想自由地玩玩，和很多女人谈恋爱，以便能和朋友有共同话题”的想法越来越强烈。

和你分手后，他可能会努力地扩大自己的异性交往圈。然而，由于他的本性是认真的，所以会渐渐变得很疲倦。总有一天，他会意识到，这么做只会让自己感到空虚。

就像如来佛让孙悟空在自己手掌里翻跟斗一样，暂时让他自由一阵子吧。对他的四处流连，你要睁一只眼闭一只眼。不用担心，总有一天他会回到你身边的。

但是，如果你还是想尽快地和他复合，就要让自己变得更有魅力。他周围的人见到你之后，如果说“她多可爱啊”，“她真是个好女孩”，那么他就会从中得到满足感。

只要你努力，他很快就会回到你身边的。

③不想负责任，想轻松地谈场恋爱

这种情况下，恐怕你已经意识到自己对他要求太多了吧？

很可能因为总是要满足你的要求，他觉得很疲惫，想放手这段感情了。他不想那么认真了，想谈一场轻松的恋爱。

想和这种人复合，就要轻松愉快地和他相处。他的不满多是短暂的，所以只要你不紧盯他，你们还是能够融洽地相处的。

无论你的前男友是哪种类型的人，最重要的一点就是不能给他压力，逼着他复合。你们刚开始可能是随意地相处，但慢慢地他就会认真起来。

如果他现在对你的感情飘浮不定，忽冷忽热，那就和他保持一样的状态。

他还喜欢你，这是一个绝对有利的情况。他不讨厌你，也没什么不能原谅你的事情。你们之间比较容易联系，也容易进入使他回心转意的阶段。

五、在相亲网站或联谊会上结缘的情况

在我接手的咨询案例中，有些人是通过社交网站、婚姻介绍所或者相亲聚会开始恋爱的。

他们不是从朋友开始慢慢熟悉认识，然后开始交往的，而是以谈恋爱为前提开始交往的。他们从认识到恋爱的时间很短，有些人分手时对彼此还不是很了解。

此外，经过朋友介绍认识，或是联谊会上认识的，也都有这样的特征。

这种情况下，复合时最大的困惑是，由于没有经过做朋友的阶段，所以不知道该如何相处，害怕他会说："我们也不可能做朋友了。"

另外，由于交往时间短，所以在脑海中常常有"他会不会只是跟我玩玩呢"的疑虑。

对于这种情况，我很遗憾地告诉你，我也不能断言他是不是跟你玩玩而已。他有可能只是当作游戏，但也有可能是因为互相还没敞开心扉就相处不下去而分手了。也许他只是没有耐心。

无论哪种情况，总之你们是在没有彻底了解对方和充分体会到对方的魅力之前就分手了。

那么，在这种情况下，该怎么做才能重归于好呢？

首先，最重要的是不能穷追不舍。

如果交往时间很长，他对你还是有感情的。但时间短的话，就没什么太多的感情了。这个时候应该立即转变方法。

通过联谊会或朋友介绍认识的，还多少有些衔接的机会。但通过社交网站或婚姻介绍所认识的，一旦分手了，基本就不会再有接触的机会了。所以为了还能取得联系，一定要留有他的联系方式。

如果你穷追不舍，使他被迫更改联系方式，或是拒接你的短信和电话，你就无法采取下一步的对策了。

为了避免这种情况发生，收场时就要平和一些。

那么，平和收场之后应该怎么做呢？

既然是还不怎么了解对方就分手了，那么也一定没有体会到对方的魅力。因此，此时最重要的就是让对方一点一点地注意到你的魅力。

注意，别弄错了，是“一点一点地”。不要一股脑地表现给对方。要让他逐渐意识到：“哦，原来你是这样的人啊！”千万切记这一要点。

这就需要你们有接触的机会。为了增加接触的机会，你可以约他吃饭的同时也约上你们彼此的朋友，或者举办一些活动也不错。可以给他一个理由：为了新的恋爱，扩大交友圈。

既然是通过社交网站或联谊会认识的，那说明你们周围没有有魅力的异性，或者你们的交际圈比较小。我想很多人都不会介意通过你认识更多的异性的。

需要注意的是，不能失去两人接触的机会，没有的话就主动创造机会，然后把你之前没有展示出来的魅力“一点一点地”展示给他，让他再次对你感兴趣。

也许你会有许多担心，但是有多少担心，就有比它更多的解决方法。

交往时间短的情侣们，要往前看才是。

你和他的恋爱现在才开始。努力加油吧！

六、他已有新女友的情况

分手后不久，他就有了新的女朋友——通常很多人认为这种情况对复合是不利的，但其实不然。反而可以说，你是很幸运的。

这是因为，他已经做好了谈恋爱的准备。他没有因为和你分手而对恋爱产生恐惧，而是可以接受它的状态。接下来你要做的就是把他吸引过来。不要自卑，勇敢地行动吧！

在这里为大家介绍一个从前男友的新女友手中把他夺回的案例。

H女士（28岁）的案例

H女士和一位比他小三岁的男士谈过恋爱。

虽然两人相处得还算顺利，但有一件事让她很不满。他和前女友一直都有联系。但是，她又不想让比她年龄小的男友觉得自己小气，就始终什么都没说。

半年后，H女士的男友向她提出分手。他的前女友追求他，他最终决定和她复合。

听了她的话，我判断她的前男友是一个“容易随波逐流的人”，并且“对复合没有抵触”。这些对复合来说都是有利的条件。

但是在他的内心里，前女友的顺序位于H女士的前面。所以必须要改变这一点。我建议H女士必须改变自己，在他心里占据重要地位。

我首先让她有意无意地和他取得联系。由于他是一个容易随波逐流的人，如果不对他和他的现任女朋友造成困扰的话，他还是愿意用短信和她交流的。就这样，他们开始了联系。

而且，他的女朋友好像是一个很蛮横的女人，H女士要经常安抚疲惫的他。

但是如果只是一味地安慰，他也只是乐于享受你的安慰而已。如果不在这时让他对她动心，他还是会被强势的女友牢牢攥在手心里。

在接下来的时间里，我建议她对他采取冷淡的态度。婉拒他的邀约，或者把他的事情往后推延，一改往日对他的热情。

在此之前，他想聊天的时候就可以聊天，而现在却总是遭到拒绝，他就会逐渐感到痛苦。后来，他偶尔才能和H女士好好聊天，这时候他会觉得特别开心。

这样一来，在他心里“想和H女士聊天”的愿望越来越强烈了，于是开始产生一种错觉——我是不是更喜欢H女士啊？之后，他开始频繁地给H女士发短信了。

这时，时机已经成熟了，我建议H女士向他告白。

他当时还有女朋友，不会马上给出肯定的答复。但重要的是让他明白，H女士和他的现任女友，哪一个在他心里占的比重更大。

因此，我建议她表达出自己的想法之后，不要强迫他立刻给出答案，而要耐心等待。由于他迟迟没有回应，H女士很着急和不安。但是，我认为她应该给对方一点考虑的时间，建议她不要和他联系了。

一段时间之后，他开始联系H女士了，像什么事都没有发生一样。再三思虑之后又开始联系，说明他还是内心里放不下H女士。

又过了一段时间，果然不出所料，他主动向H女士表示想要复合。

从这个案例中，我们得到的启示是：一定不能步步相逼。紧追一段时间后，应该稍微松松手，如果他没有后退，则可以再往前一点。

通过这样的往来交流，即使他有女朋友，也一定会回到你身边的。

他确实是有了新女友。但是他曾爱过你也是事实。你有足够的魅力，值得他去爱你。带着这份自信去接触他，他也会在和你的交谈中感受到那份愉悦。

他和现任女友的交往也许是新鲜刺激的，但同时他也会感到疲倦。因此，你让他感觉到平静和开心的可能是很大的。

这些想法也许不会迅速促成爱情。但如果让他觉得跟你在一起是舒服的，当他和现任女友感情产生裂痕的时候，他的脑海里最先浮现的人将会是你。

七、分手已有很长一段时间的情况

分手之后已经过了很长时间，这种情况很不利于复合吗？有很多人都是因为这个原因犹豫不决。

事实上，从复合的观点来考虑，有时候分手已有一段时间的反而比较好。

过了很长一段时间之后，两个人都冷静下来了，可以重新开始。

如果你在阅读本书时带着“都现在了还怎么可能”的疑虑，那么请你打消这种担心，努力尝试一下。你们的复合有可能比想象得还要快。

接下来我举一个实际案例，对分手已有很长一段时间的情况进行分析。

N女士（29岁）的案例

N女士两年前和前男友分了手。

两人曾经约定，分手后还是朋友，还可以保持联系。但是渐渐地就疏远了。

刚分手时，由于出国旅游拿行李等事情，两人之间还有些往来，等各自稳定后就中断了联系，就这样一年过去了。期间，N女士也在积极地寻找新恋情，当然也就没有必要为了他而停滞不前。

这时，她忽然想起他的生日到了，于是给他发了生日祝福短信。他也很平常地回复了她：“我挺好的，谢谢你！”自那之后，他们就开始时有联系。

在重新联系的过程中，N女士开始萌生了“再次交往”的念头。

期间，N女士的好朋友遭遇到了不幸。由于他也认识她的那位朋友，精神状态有点不稳定的N女士找他倾诉心事，他很耐心地听N女士诉说，并安慰她，使她慢慢平静了下来。

于是，N女士的心一下子被他吸引住了，由一开始的“可以选择复合”转变为后来的“一定要复合”。

但是，他已经有了新的女朋友，N女士没有往前一步的勇气。

N女士这时向我咨询，我先是引导她平复心情。

如果没有强烈的想要复合的念头，N女士和他联系时就不会背负压力。一想到要复合，她就会很紧张。如果三天没有他的短信，就会坐立不安，对他的要求也越来越多。

我不希望她因为这种不安，就破坏了他们好不容易建立起来的友好关系。

我告诉她，如今是你的心境变了，而他并没有改变。不能一时冲动，恨不得一瞬间就缩短彼此之间的距离。即使按照之前的方式慢慢交流，你们之间也还是有很多机会的。

随后，我建议她再往前跨出一步，让她和他聊聊自己的近况，以及他和现任女友的情况。N女士目前没有男朋友，但是也有身边的男士在追求她。她首先告诉他自己的情况，他也就会逐渐向她敞开心扉，聊很多自己的事情。

然而，他始终认为N女士已经是过去时了，没有表示出想发展恋爱关系的意愿。那是因为N女士太着急了，想让他回忆他们曾经在一起时的情景。

希望大家注意一点，分手已经过去两年了，你们的恋爱已然成为了过去。虽然这并不是一件坏事，但就算你提起过去交往时的情形，也只能是两人记忆中开出的美丽花朵，很难发展成为爱情。

在这种情况下，与其回忆你们美好的过去，不如让他发现一个全新的你。

想要比熟人、老朋友的关系更近一步，必须要有某些因素能触动到他的感情。这些因素就是新的发现。如果他发现你比以前更有魅力了，那么他就会对你更加感兴趣了。

另外，比起谈论过去，更重要的是要聊聊现在和将来，或者是在某些事情上你们的共同点。

记住了这几个注意事项之后，N女士很快就开始向前男友提及自己与以前相比有哪些变化了。也稍微提到了未来的话题，并且对他的意见表示赞同和同感。

就这样，他渐渐对她产生了兴趣。

半年过后，他答应了N女士见面的邀约，N女士当时别提有多兴奋了。虽然几经波折，但总算见到了他。前男友对N女士也越来越感兴趣。

后来，他的心思渐渐从现任女友转移到N女士身上，最终幸福美满地走到了一起。从分手到复合，经过了将近三年的时间。

分手后过了很长一段时间，你可能就会觉得复合无望了。

但是，像N女士这样，正是因为过去很久了，他才不会有戒心，从而建立起了轻松又愉快的联络关系。

请你鼓起勇气，奋力一搏吧！

八、他讨厌你到连看一眼都不愿意的情况

总有“曾经特别喜欢的男友现在讨厌我，所以把我甩了……”而伤心难过的人，其实往往都是误会了。无论分手时多么不愉快，毕竟是曾经因为彼此喜欢而在一起的人，一般不会真的讨厌的。

当然，也不排除有真的被讨厌的情况。

那是因为，分手后女方还纠缠不休。提出分手后，他对你也还有感情，但因为你的纠缠不休，他很有可能从此以后都不想见到你了。

如果把他逼到这种程度了，他对你的厌恶就难以抹除了。

那么，这种情况下就没有可能复合了吗？答案是“NO”。接下来，我通过一个案例来讲解。

K女士（27岁）的案例

K女士的男朋友两年前向她提出了分手。

她也曾一度答应了分手，但后来始终无法放下他，好几次提出想要复合。他刚开始说：“对不起，都是我的错。”但后来K女士不停地责骂他，甚至以死相逼。

最终他警告K女士："你适可而止吧，别再跟我联系了！"并把她拉进了手机黑名单。

他和她曾经都参加了大学的社团同好会，有很多共同的朋友。大家都异口同声地劝她："既然他那么讨厌你了，就算了吧。"但是K女士还是无法放下他，也无法和别的男士开展新的恋情。

这种状态持续了一年。某一天，K女士突然收到了他的短信："我换手机号码了。"好像是短信群发了，所以也误发到了K女士的手机上。

这时，K女士向我咨询。她问我："我可以给他发短信吗？"

我告诉她不要联系。分手后她已经纠缠很久了，现在马上发短信给他会引起他的怒气。

我让她先从共同的朋友那儿打听他的情况。借着问候老朋友的机会，顺便若无其事地问问他的近况。有的朋友会开玩笑问她："你还是喜欢他吧？"我让她回答："怎么可能呢？"据她打听，他好像新谈了一个女朋友，但半年前就分了。他现在是单身状态。

我建议她频繁地和朋友们联系。逐渐地，就在K女士的召集下，大家聚会了。而且，我让K女士偶尔提及别的男士的话题，给大家造成了她早已不把他放在心上的假象。

朋友中有一位男士现在和K女士的前男友还有联系，我希望她的话能传到他耳朵里。

功夫不负有心人。那位男士朋友说："下次把N

（K女士的前男友）也叫上吧。”K女士说：“算了吧，他会不高兴的。”但是那位朋友说：“他早都不生气了。”

据那位朋友说，K女士的前男友发现把电话号码错发给了她，起初还怕她又开始纠缠，很是担心。

但后来，她出乎意料地没有联系他，他也恢复了平静，觉得K女士和他在一起的日子还是一段美好的回忆。那时距离他们分手已经过了一年又十个月。

终于，K女士和他再次见面了。

最初两人都有点尴尬，但K女士一直很注意隐藏自己对他的喜欢。第三次见面时，他终于露出了笑容。

K女士鼓起勇气问：“你介意我和你联系吗？”他有一瞬间脸上露出了困惑的表情，但仍然说了一句：“有事的话可以啊。”

K女士担心他对她还有戒心，于是和他联系时故意提到了别的男士。于是，他说他也有喜欢的人。她摆出一起加油的姿态，并且听说他是单恋后还帮他出主意。

分手两年后，他突然在某个深夜打来电话。这是分手后第一次主动给她打电话。他说他被喜欢的女孩甩了。K女士安慰他：“去喝酒吧，喝个痛快！就我们俩的话可能会尴尬，不如我们把×××也叫上吧。”他答应了，并向她道谢。

于是K女士赶紧联系朋友一块去安慰他。她很认真地鼓励他，肯定并赞美了他，说他一点都不差。

第二天，K女士收到了他表示感谢的短信。从那以后，他们两个人的关系一下子拉近了很多。经过数次交谈之后，K女士为以前的无理取闹道了歉，她表现得很积极乐观，让他知道她已经改变了很多。

终于，他同意了K女士的复合提议。这时距离他们分手已经过去了两年又四个月。

他是这么说的："分手后你纠缠不休时，我想想都觉得想吐，特别讨厌你。但是，两年后再见面时，你已经对我完全没有感觉了。我也觉得自己那时那么讨厌你是有点小题大做了。这么一想，我就回忆起了我们两个人曾经在一起时的美好瞬间，意识到自己并不是一开始就讨厌你的。"

从K女士的案例中我们得到的启示是，一定要让他明白："我对你已经没有感觉了。"你若是满脑子想的都是他，并且把喜欢表现在脸上，那就绕远路了。

一直喜欢一个人是一件美好的事情，但是千万不能写在脸上。他已经下定决心要离开你了，你越是步步紧逼，他越会往反方向走。

这时你要做的是吸引他，让他走向你。先让你们两人的关系回到原点，然后再给他留下良好的印象，引导他走向正方向。

如果他对你厌恶至极，由于他向反方向走得太远，回到原点需要一些时间。但是只要你不放弃，走向正方向的可能还是很大的。

参考一下K女士的实际案例，加油吧！

第七章

改变自己，没那么可怕

孤独的人总喜欢把自己的头埋在胸膛里。 ——ZCC

一、我是容易积累压力的类型

读到这里，想必很多人会觉得，为了复合我得顾虑他的感受，还得给他留下良好的印象，一定很需要努力和耐心。经常得注意“不能这么做”和“不能这么说”，会感觉很累很疲倦。

事实上，这确实让有些人有这种感受。想说的话不能说，想做的事不能做，渐渐地觉得压力很大，最后忍不住爆发了，把想要复合的想法一股脑地直接告诉了他。最后，把他吓跑了，两个人又越走越远。

在这个世界上，有些人接人待物很周到，很会替别人着想，但是却不觉得有压力。

那样的人和你到底有什么区别呢？是度量吗？

我们确实经常说“度量小”或“度量大”，但是度量是天生的吗？天生度量小的人就只能放弃吗？

不是的。我认为这只是想法不同而已。还有就是你们的精神状态不同。

即使认为自己是容易“积攒压力”的人，心情放松的时候也不会有那种感到压抑的表现。比如，当你很忙的时候，一只流浪猫总跟着你，你会觉得很烦。但如果是没什么事情的周末，你或许会觉得它很可怜，顿生怜悯之心。

因此，即使之前你一股脑地把积压在心里的话全部发泄出来了，也不能绝对地判断你自己就是容易“积攒压力”的人。

我想，那只是因为你的心事太多，把压抑到了极限想说而没有说的话全部说出来了而已。这样判断才是正确的解释。

那么，你平时把想说的话都说了出来，就不会有压力了吗？

你试着实践一下就知道了，想说什么说什么，心里反而会不舒服。

说了以后又觉得“我怎么口无遮拦什么都说，我完全不会考虑对方的感受，我是一个很差劲的人”，情绪会变得很低落。

要不要“积攒压力”，完全是出于思维方式不同的考虑。

比如，为了考虑他的感受，话到嘴边又咽回去了。如果你觉得“想说的不能说，还得忍着”，内心就会很烦躁。

为了避免这种情况，就要站在一个高度，肯定自己的努力。这么做会让你心情舒畅一些。

认为自己是容易“积攒压力”的人，其实是不会肯定自己的人。转变一下思维，试着认同自己，你或许会越来越富有魅力。

从现在开始，不要觉得自己是被迫忍耐，而要鼓励和表扬自己：我能忍耐住，我太了不起了。仅仅是很小的一个改变，也会让你豁然开朗。“收不到他的短信，我也不再像以前那样感到不安了。我也成长了。”这么想的话，你的下一条短信一定会充满乐观和活力。他对你的印象也会好很多。

一切都取决于你是怎么想的。

二、改变外表的效果

前面写了很多案例和建议，但基本上关于内心层面的内容比较多。

那么，只改变性格和对他的态度，复合就会一帆风顺吗？

答案一半是“YES”，一半是“NO”。

到现在为止，我接受了许多关于复合的咨询，也收到了复合结果的反馈。看了这些反馈，我觉得内心层面的变化确实非常重要。

但是，他再次对你感兴趣，很多都是因为你外表的变化。在外表上花些心思，他会注意到你的变化，也会开始对你心生好奇。

例如，长发的你剪了短发后，会让人感觉你的气质变得很干练。外表变了，会给人感觉你的精神状态也变了，像换了一个人一样。

不仅如此，外表发生变化后，周围人对你说的话也会不一样。慢慢地，你会越来越自信，变得更加有魅力，这样就形成了一个良性循环。

例如，减肥成功变漂亮的女士，总会被人夸赞“你瘦了”，“变漂亮了”，所以对自己有了信心，心情也会变得更加开朗。你的魅力不仅是因为你瘦了，而是来自你的自信。

无论你的内心有多少变化，如果他对你没有表现出多少兴趣，你也就没有机会展示你自己的变化了。

然而，外表的变化是一目了然的。

如果你平时穿着打扮不是很时尚，那么就在这方面稍微花点心思。比如，挑战一下平常不会穿的颜色的衣服。如果平时穿着中规中矩，那么就换一些轻松休闲的衣服，等等。

不仅是穿着打扮方面，外表的变化还包括有没有自信，以及与此相生相伴的脸上的表情变化。

表情丰富的女士既显得亲近又富有魅力。开心的时候，就露出开心的笑脸。仅仅是一个表情，都会让你的状态看起来很不一样。如果你觉得他总是“看起来闷闷不乐”，“愁眉苦脸”，并因此而烦恼，那么你就要想想是不是因为你自己的表情太生硬了。

如果只是改变一下你的外表形象，就能让他对你再次感兴趣，那么还有比这更容易更便捷的方法吗？

他对你有了好感之后，你们的交流就会变多。这时再发挥你的本领，通过反省以前交往时的教训，多顾虑他的感受，复合就会呈现出螺旋上升的趋势。

当复合进展不顺利时，与其愁眉苦脸，不如改变外表形象，出去走走，让你周围的人对你眼前一亮。你一定会得到他们的赞美。

他们的赞美会给你带来自信，而你的自信又会转变为继续前进的动力。

只要你开始行动了，复合之路也许会比你想象得还要畅通无阻。

三、是否应该为了复合而改变自己

我曾经反复强调过，为了重归于好，你一定要改变自己。

但是有的人会心存疑虑，即使最终能够复合，而我为了和他交往而做出改变，真的是正确的吗？

我非常理解这种心情。因为我以前也走过这样的路。为了配合正在交往的对象，自己做了很多改变。

那时的我都不知道到底哪一个才是真正的我了。我很怀疑这样勉强的爱情到底能走多远。是不是应该找一个能够接受真实的自己的人呢？

但是，人的性格并不是只有一面。人都有很多面。在不同的场合，人会时而盛气凌人，时而宽厚温和。面对不同的人，也会表现出不同的一面。这些变化在人际交往中为了处理好各种关系是不可或缺的。

如果有人说你温柔善良，你会觉得自己确实有温柔的一面。但如果有人说你冷漠，你也会觉得自己可能有时候是有点冷漠。

很少有人能够绝对地说自己就是哪一种性格的吧。性格绝对一成不变的人是很少的。可以说，人的性格是多变的。

因此，如果你正在为“为了和他交往做出改变真的是对的吗”而烦恼，那么你就不要再认为自己是在改变，而是认为你发挥了本来就隐藏在自己身上的某种美好的特点。

不论是谁都会为对方着想，为了对方做出努力。你只需要再把深藏在内心的真实心意表现出来就可以了，不需要把它想得很复杂。

接下来，最重要的就是拿出实际行动，成为理想中的自己。

有时候，即使你想展现出自己平时没有表现出来的优点，但突然要采取行动，还是会有点别扭。这是很正常的。比如，很久不骑自行车，突然骑上之后，你会东倒西歪，虽然不是不会骑，但总是不太习惯。这两件事是同一个道理。

这种不自然的感觉不是因为你做的事不适合你自己，而是因为你还不习惯。因此，你只要反反复复地多做几次，习惯成自然就好了。

起初即使是演戏也没关系。你就想象自己是个演员，努力把自己的角色饰演得很出色。重复练习之后，那种性格就真正成为你自己的一部分了。

改变不了是不可能的。只要你起初多花一些时间，磨炼一下演技，为了理想中的自己而努力，你的心愿就一定会实现。

再说几句稍微抽象点的话：如果你讨厌自己，或是失去了自信，那么请你一定要记住，不喜欢自己的人，也不要指望别人会喜欢你。

你一定会成为更加美丽和自信的女士。改变并不代表你会迷失自我。

四、复合只不过是你的选项之一

有一件事非常重要。

那就是，“复合只不过是选项之一”。

有些人一心想着复合，就会越来越想去争取，甚至认为自己只有这一条路可走。

前几天，我接到了这么一件咨询案例。

“我喜欢上了别人。可是直到前几天，我还是想和前男友复合。我觉得自己太不懂得坚持了……”

我不由自主地想打断她的话，跟她好好聊聊。

我确实是站在支持对方复合的立场上的。但是我并不认为只有复合一条路是通往幸福之路的。有其他喜欢的人，也是可以的。

我只是给想要复合的人们提供建议和帮助。如果有人“不会考虑除他之外的人”，“无论如何都想和他在一起”，“想找回过去的美好时光”，那么我愿意尽我的绵薄之力。

因此，我也不希望你忘记这一点：

复合只不过是你的选项之一。如果你的幸福生活需要复合才能实现，那么我非常希望我能帮你实现。

但是，请你千万不要固执地认为如果不能复合就不会幸福。你也可以把自己的视野放宽一些。

有些女士一旦决定复合，就切断了和其他男士的所有联系和来往，对主动靠近她的男士很讨厌。也有些女士不善于和新认识的人交往。

我当然希望你能挽回你特别喜欢的前男友，但不希望你因此封闭自己。正因为你想挽回过去的感情，更应该接触更多的人才对。

“眼里只有他一个人”的气势，在旁观者看来，是一种有点可怕的状态。同性也好，异性也罢，应该试着和更多的人认识。

通过和各种人的交往，你会学到如何顾虑对方的感受，如何和对方交谈，以及你的言行会引起对方何种回应，等等。

有一心一意想复合的热情固然是好的，但千万不能因此让自己的视野变得过于狭隘。

五、认可自己会带来好的结果

想问你一个问题，可能有点突然。那就是，你属于以下四种类型中的哪一种呢？

①宽以待己，也宽以待人；

②宽以待己，但严以律人；

③严以律己，但宽以待人；

④严以律己，也严以律人。

我希望自己不是第②种。

但我感觉阅读本书的读者中，第④种比较多。

对自己严格要求，对别人也严格要求。在某种意义上来说，平衡倒是保持得挺好呢。

不过，这也许就是让你的复合之路变得曲折和坎坷的原因。

恐怕你们交往的时候，你对他很苛刻，也对他提了很多的要求吧？而且由于你对自己也很严格。对于这样的自己，你也束手无策。是不是在这种循环往复中，他越来越疲惫，然后提出了分手呢？

然后，分手之后的你也对自己做出了强烈的反省，同样是由于你对自己的严格，你总是沉浸在反省中而无法自拔。

对自己宽容一些，对别人也宽容一些吧。如果你不能认可自己，也就无法认可对方。

你必须要比任何人都了解并认可自己。正视现在的自己的内心，冷静地对待自己的优点和缺点。无论哪一点都是你自己的一部分。

在此基础上，如果你想改掉缺点，就首先要付诸行动。然后，对于自己付出的努力，要表示赞美。

你可以从小事做起，然后积少成多。你对自己会有一个客观的评价，对他也不会再那么严苛了。

这种内心层面的悠然自得，会让你更加有魅力。

如果你能认可自己，也同时认可对方，你们的复合之路才会是一片坦途。

一味地伤心难过而不采取行动，复合就不会有进展。学会欣赏自己，让你的内心更加坦然。

带着这份坦然，为复合做出努力。我想你的心愿一定会实现的。

六、复合成功之后呢

如果你和你喜欢的人复合了，你一定会非常幸福、无比满足吧？

那么，为了让自己得到那样的幸福，你今后应该怎么做呢？

为了让对方再次喜欢上自己，让自己变得更好；

给对方发送短信；

为了让对方看到自己的改变，约他见面；

……

无论哪一条，都是很重要的。

可是，这样的想象和行动有没有立刻出现在你的脑海里呢？

之所以会提到这个问题，是因为我想让你再次确认，你对于复合是否有一个大致的规划？我希望你把我的建议运用在你自己身上，深入思考一下，“如果是我，得到这样的提醒之后，应该如何行动呢？”

根据本书的建议，你何时并采取什么具体行动，这才是最重要的。这才是本书的意义。

你要一边想象，一边行动。为什么说这一点很重要呢？因为它不仅有助于你们的复合，更重要的是有助于你们复合之后的交往。

没错，复合并不是终点。

要想和你喜欢的人重归于好，你现在的努力非常重要。它将影响到你们复合之后的交往。

前几天，我收到了这样一封邮件——

“多亏了您的建议，我们终于复合了！真的非常感谢您！接下来，还请您针对我们的交往再给点建议。我现在虽然和他在交往，但是也有很多不满之处，为此我很困惑。”

这位女士很真诚地听从了我的建议，然后复合成功了，开始交往了。这些都没问题了，但现在却迷失了方向，有点迷惑了。

为什么她会陷入这种状态呢？我想这是因为一直以来她都没有认真思考过。

她只是听从了我的建议，茫然地行动，然后挽回了前男友。但是之后就不知道该怎么办了。这样子就没有意义了。既然分手过一次，就一定希望能吸取上次的教训，重新开始一段甜蜜的恋爱。

要想实现这个心愿，你就不能完全按照别人说的话去做，自己却什么都不想。以得到的建议为指导，同时思考自己应该如何具体行动，向着复合之路努力，这些是不可或缺的。

只有这么做，你们才能顺着复合之路的延长线继续携手前进，并且会生活得很幸福，相处得很愉快。

事实上，有很多人反馈，复合之后比以前更加幸福了。那一定是因为他们在真正理解了我的建议之后才采取行动的。

因此，我想对你说：

本书中包含了许多复合成功的人们的心声。希望你不要囫囵吞，而要把你从中得到的启示运用在自己身上，切实采取行动。

如果你只是以旁观者的心态来阅读本书，直接否定“我才不是这样的”，那么你就要特别注意了。你很有可能会像之前给我发邮件的那位女士一样，复合倒是成功了，但是之后却……

为了你们在复合之后也能愉快地交往，你现在就不能少了思考。

只要你做到了，你们复合的可能就很大。复合之后，你和他也能重新开始一段幸福美满的感情。

后　记

恋爱也好，工作也罢，有些人总是能得心应手。在自己看来很费力的事，别人却处理得游刃有余。

如果别人在你面前卖弄，你就会觉得："是不是我的能力不够啊……""为什么这么难的事她也能轻松地解决呢？"

本书是以复合的成功案例为基础撰写的。

阅读本书时，你可能会想，"她之所以成功了是因为她有能力"、"碰巧的吧"或"我是不可能办到的"。

事实上，绝非如此。

本书介绍的复合成功的人，和你没什么两样。

如果非要说哪里有不同，那就是，愿不愿意采取行动。仅此一个区别而已。

例如，工作中接到某个任务。这时，有的人想："哇，交给我这么难的工作，我能行吗？"但有的人想的是："我要加油，首先我应该这样，然后要那样……"这两种人中，哪种成功率更高呢？

不言自明，一定是后者。我认为每个人能力的差别并不大。但思维方式不同，能力被发挥出来的方式也会不同。

面对接到的课题，把它当作一座高峰，就会很紧张，或者往后退缩，导致根本发挥不了原有的能力。反之，如果你把它当作普通的小山，相信自己也能爬上去，就能轻松地发挥自己的能力。态度的差别，会导致结果大相径庭。

复合也是一样的道理。你是畏首畏尾地想："他很固执，决定了的事情就绝不会改变"，"身边的人都劝我放弃，恐怕真的没希望了吧"；还是积极乐观地想："有那么多人都复合成功了，我的可能应该挺大的呢"，"我得想想怎么做才能重归于好"。你的心态不同，结果也会大为不同。

心态的差别，会体现在短信的发送与回复、和他的交流语气、细微的语言组织上，这些都会导致微妙的差别。

你是真的想挽回他吗?

如果是的话，就要记住以下三个要点：

不要认为复合很困难；

凡事不要往坏的方面想，要积极乐观；

要付诸行动。

重归于好没有那么难。有很多人都向我反馈，他们复合成功了。这说明，实际上已经有很多人都实现了感情复合。

犹豫不决、畏缩不前的人们，也希望你们把注意力放到这些复合成功的案例上来。

我期待着你们复合成功的好消息。

我并不认为只有新恋情才是美好的前景。

能和自己喜欢的人在一起，才是最大的幸福。

感谢你耐心地阅读了本书。

我发自内心地支持你的感情复合，并祝你们复合成功。

特别推荐

定价：32.00元

热销200万册的超级畅销书《他其实没那么喜欢你》（*He's Just Not That Into You*）姊妹篇

这是一本关于婚姻和恋爱的心理学普及读物。本书是美剧《欲望都市》（*Sex and the City*）顾问格雷格·贝伦特和妻子阿米拉·萝特拉·贝伦特写给读者的失恋疗伤守则（男女均适用），同时分享了超过500位分手问卷调查者的分手前后经历，帮助读者将“分手”扭转成为一个意外，让读者重新相信爱情，并赢得亮丽和美好的生活。

定价：32.80元

写给处于迷茫与彷徨中但即将光芒闪耀的你的31封信

对于走过“青春期”后来到“青年期”的懵懂迷茫的青年们，青春的代言人、韩国青年导师李钟燮运用了31个生动而又深刻的实例和观点，给予引导建议和解决方法，帮助青年们形成对生活的态度、专业知识领域的关心、一生想做该做的事的反省、维持生计的手段、一辈子奋斗的目标等，使青年们能够找到自己的人生应该拥有的充分自由、幸福与独立。